WOLFGANG BÜHNE

SIEGFRIED KOLL

DER VERFOLGTE, ABER NICHT VERLASSENE DEUTSCH-CHINESE

W0330770

CLV

Christliche Literatur-Verbreitung e. V.
Ravensberger Bleiche 6 · 33649 Bielefeld

1. Auflage 2020

by CLV · Christliche Literatur-Verbreitung
Ravensberger Bleiche 6 · 33649 Bielefeld
Internet: www.clv.de

Satz: Anne Caspari, Marienheide
Umschlag: Lucian Binder, Marienheide
Druck und Bindung: CPI books GmbH, Leck

Artikel-Nr. 256757
ISBN 978-3-86699-757-8

INHALT

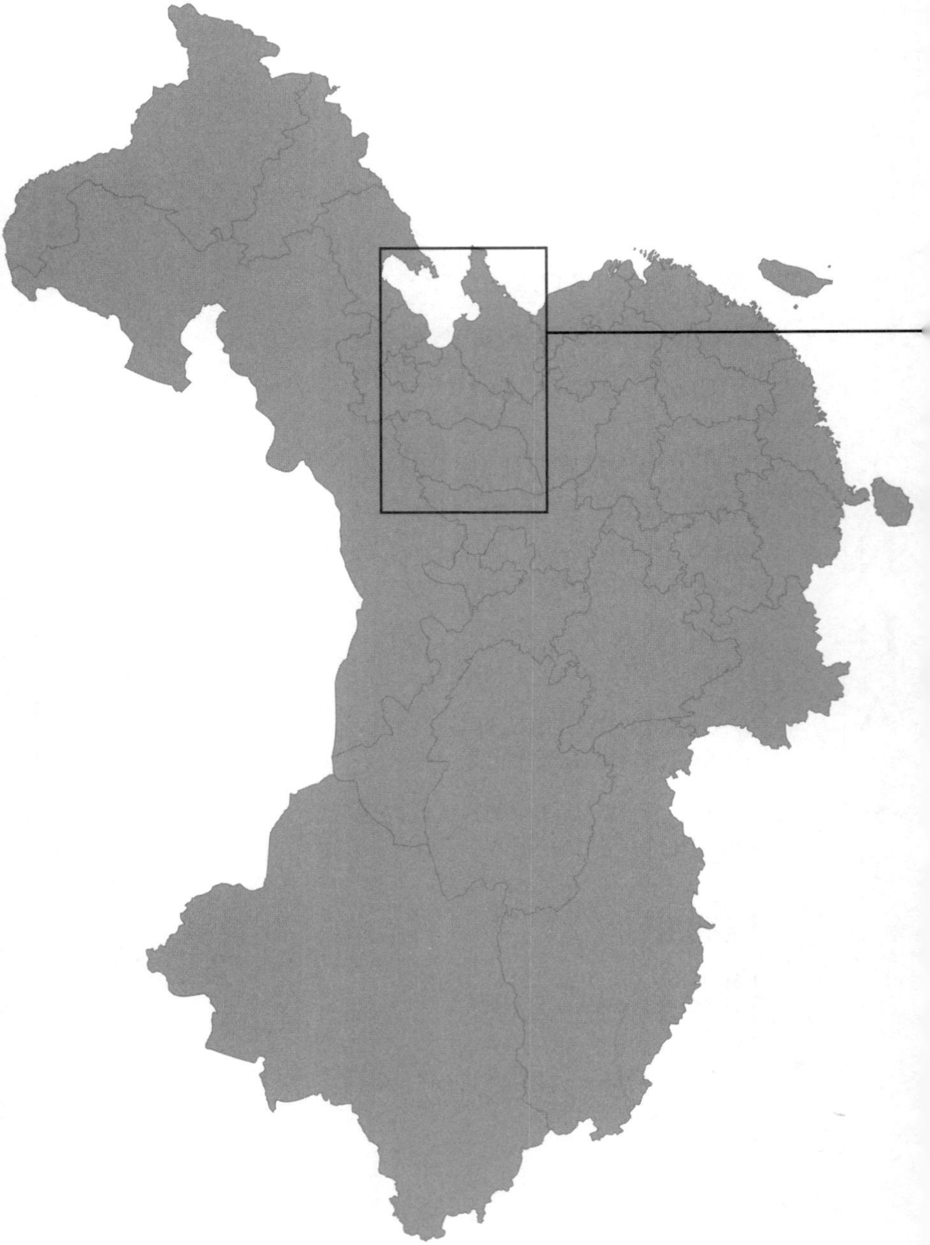

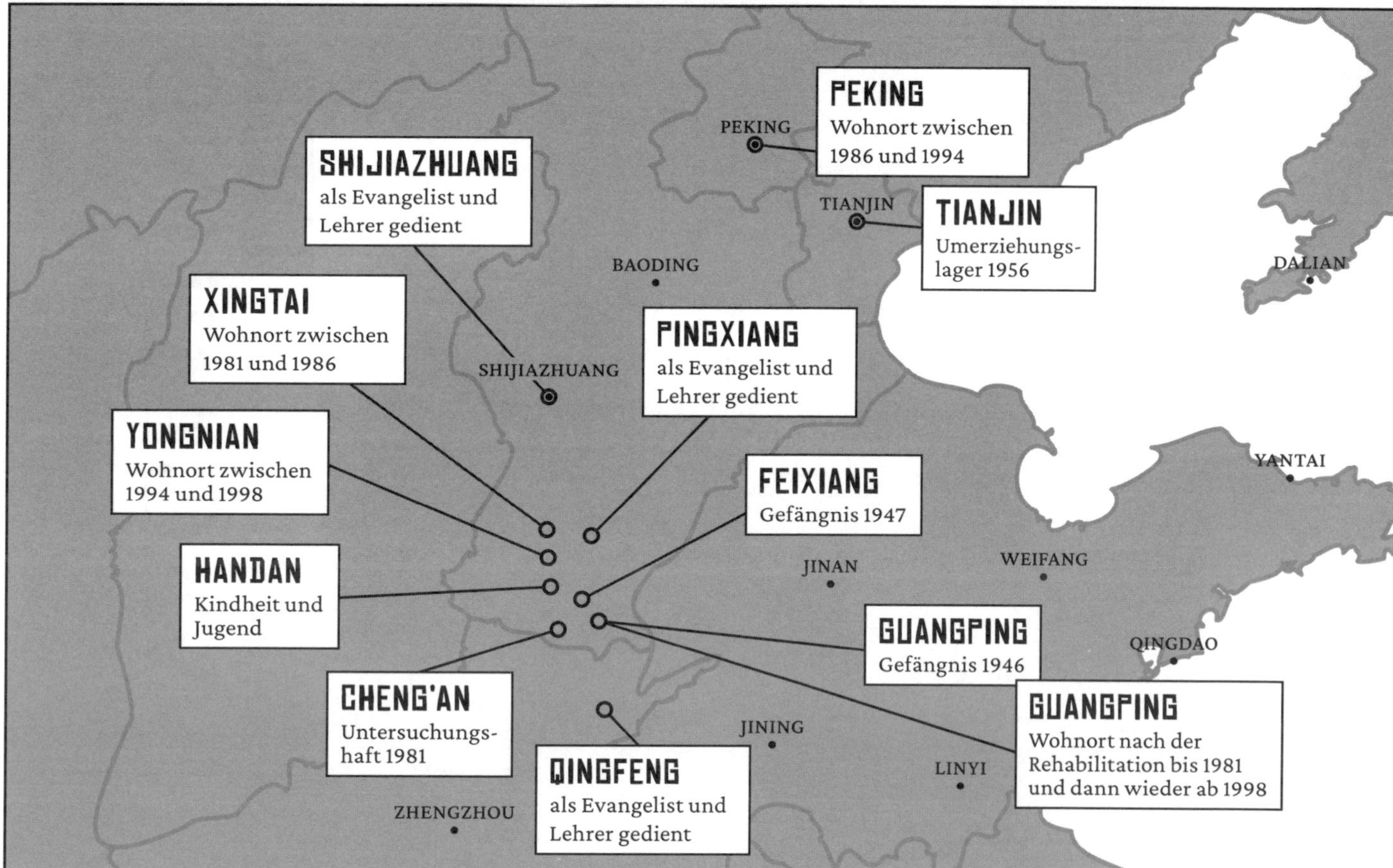
PEKING
Wohnort zwischen 1986 und 1994
PEKING
TIANJIN
TIANJIN
Umerziehungs-lager 1956
DALIAN
SHIJIAZHUANG
als Evangelist und Lehrer gedient
BAODING
XINGTAI
Wohnort zwischen 1981 und 1986
SHIJIAZHUANG
PINGXIANG
als Evangelist und Lehrer gedient
YONGNIAN
Wohnort zwischen 1994 und 1998
FEIXIANG
Gefängnis 1947
YANTAI
HANDAN
Kindheit und Jugend
JINAN
WEIFANG
GUANGPING
Gefängnis 1946
QINGDAO
CHENG'AN
Untersuchungs-haft 1981
GUANGPING
Wohnort nach der Rehabilitation bis 1981 und dann wieder ab 1998
JINING
LINYI
ZHENGZHOU
QINGFENG
als Evangelist und Lehrer gedient

TEIL 1

DER VAGABUND

EINLEITUNG

Es gibt Begegnungen, die vergisst man nicht ...

Zu einer solchen kam es während meiner vierten Reise nach China und meiner dritten Reise mit meinem Freund Siegfried Haase, um die »Untergrundkirche« in China kennenzulernen. So bezeichnete man damals etwas geheimnisvoll die illegalen Hauskirchen in diesem Land.

Dieses Mal landeten wir erstmals in Peking, weil uns vor einigen Monaten in Hongkong John Short, ein drahtiger australischer Missionar, der sich bestens in China auskannte, begeistert von einem originellen chinesischen Bruder in Nordchina berichtete. Der sei nun bereits ein alter Mann, der 20 Jahre Haft um seines Glaubens willen hinter sich hat, aber schon seit vielen Jahren im Nordosten Chinas die Hauskirchen besucht und dort mit großem Segen Vorträge und Bibelwochen hält. Er hätte als Chinese tatsächlich einen deutschen Namen. Wir müssten ihn unbedingt kennenlernen ...

Das hörte sich interessant und spannend an, und so baten wir den agilen Missionar, ein Treffen mit diesem Chinesen zu arrangieren. Und das fand tatsächlich wenige Monate später am 6. September 2004 in einem großen Hotel mitten in Peking statt.

Wir warteten dort in der weitläufigen Lobby mit ziemlich gemischten Gefühlen, immer noch etwas unsicher, ob wir wohl von der Geheimpolizei beobachtet würden, als plötzlich der angekündigte kleine, 79-jährige Chinese mit einer Begleitung von etwa 6 Personen eintrat. Sein fröhliches Lächeln fiel sofort auf, und er hatte offensichtlich keinerlei Probleme, sich ungezwungen zu uns zu setzen und uns sofort im fließenden Deutsch anzusprechen und zu begrüßen.

Ich traute meinen Ohren und Augen nicht, denn er war wirklich ein waschechter Chinese, mit der typischen Hautfarbe, den mandelförmigen Augen, sehr kontaktfreudig, schlicht und unauffällig gekleidet.

Unsere Verwunderung wurde noch größer, als er uns auf unsere Bitte hin seine außergewöhnliche Lebensgeschichte erzählte, und das in einem ausgezeichneten Deutsch. Allerdings mit einem Akzent, der mir aus meiner Lehrzeit in Wuppertal vor über 40 Jahren sehr gut bekannt war. Nachdem er uns dann seine dramatischen Erlebnisse schilderte – 20 Jahre teilweise brutaler Haft, ohne Bibel, ohne Gemeinschaft, ohne Kontakt zur Familie usw. – konnte ich nicht länger an mich halten und fragte ihn:

»Lieber Bruder, ich verstehe die Welt nicht mehr. Du bist unverkennbar ein Chinese, sprichst nicht nur perfekt Deutsch, sondern sogar mit einem Wuppertaler Akzent, der mir aus meiner Heimat sehr vertraut ist. Du hast neben deinem chinesischen Namen auch einen deutschen Namen. Dann erzählst du uns, dass du zwei Jahrzehnte lang fast ohne Bibel und Gemeinschaft in chinesischen Lagern verbracht hast.

Wie kommst du zu deinem deutschen Namen, wo hast du Deutsch gelernt, und wie kann man 20 Jahre Haft aushalten, ohne an Gott zu verzweifeln?«

Darauf erklärte er uns lächelnd die Geschichte und Herkunft seines deutschen Namens und seiner deutschen Sprachkenntnisse – die im Lauf dieses Buches ausführlich geschildert werden – und meinte trocken:

»Die 20 Jahre ohne Bibel waren nicht so tragisch. Nicht einen Tag habe ich an Gott gezweifelt. Ich habe in den Jahren der Haftzeit immer wieder Bibelverse rezitiert, die ich als kleiner Junge gelernt hatte. Ebenso die schönen alten geistlichen Lieder, die ich dann zu meiner eigenen Erbauung gesungen habe. So konnte ich jeden Tag Gemeinschaft mit dem Herrn haben.«

Und dann stimmte er ungeniert in diesem vornehmen Hotel ein Lied in englischer Sprache an, das uns als Spiritual auch in deutscher Übersetzung gut bekannt war: »Never alone ...« Jeder Vers endete mit dem Refrain »Nein, niemals allein, so hat der Herr mir verheißen, niemals lässt er mich allein ...«

Wir schielten bei diesem freimütigen Gesang etwas peinlich und ängstlich berührt nach links und rechts, ob die anderen Leute in der Lobby sich nicht beschweren oder die Polizei rufen würden, und stimmten dann ein – allerdings sehr verhalten und mit gedämpfter Stimme: »Nein, niemals allein ...«

Das war unsere erste Begegnung mit Siegfried Koll, dem Chinesen mit deutschem Namen, den wir dann in den folgenden Jahren immer wieder in China besuchten und mit dem wir bewegende Begegnungen hatten, bei denen er uns oft aus seinem erlebnisreichen Leben erzählt hat.

Aus diesen Berichten und aus dem, was seine vielseitig begabte Adoptivmutter Lili Koll, geb. Meyer, über ihn in ihren interessanten Erinnerungen geschrieben hat, und schließlich aus seinen eigenen schriftlichen Unterlagen sowie aus dem, was gute Freunde über ihn geschrieben haben, ist dieser Lebensbericht zusammengestellt worden.

Für uns Europäer ist die Geschichte Chinas vor allem in den Jahren 1930–1980 mit den militärischen Auseinandersetzungen mit Japan, den verwirrenden Bürgerkriegen und politischen Machtkämpfen nicht so leicht nachvollziehbar.

Auch die chinesische Eigenart, dass man damals seinen eigenen Namen oft wechselte, ist für uns ungewöhnlich. So wurde ihm der deutsche Name Siegfried Koll von seinen Adoptiveltern gegeben, während er in China »Sheng An« (»Sieg und Frieden«) genannt wurde und später »Hu Meng-en« (»Gnade und Frieden«). Um den

Leser nicht zu sehr zu verwirren, haben wir uns entschlossen, ihn durchgehend als »Sheng An« zu erwähnen, auch wenn er in seiner zweiten Lebenshälfte meist als »Hu Meng-en« angeredet wurde und bekannt war.

Gott schenke, dass diese ungewöhnliche und erlebnisreiche Lebensgeschichte eine Ermutigung ist, Gott in allen Lebenslagen zu vertrauen, ihn zu lieben und kompromisslos zu seiner Ehre zu leben.

Es deuten manche Entwicklungen in unserem Land darauf hin, dass wir heute vor einer Zeitenwende stehen, die unser Echtsein als Christen auf die Probe stellen wird – ähnlich wie das Siegfried Koll und viele Christen in China erlebt haben. Vielleicht helfen uns manche auffallende Parallelen zu unserer Zeit, unsere Augen zu schärfen, um aus den leidvollen Erfahrungen unserer chinesischen Geschwister vor etwa 70 Jahren die richtigen Schlüsse für unsere Gegenwart zu ziehen.

Wolfgang Bühne,
Meinerzhagen, im Frühjahr 2020

DIE VORGESCHICHTE

ZWEI WUPPERTALER JUNGS

Am 3. Oktober 1912 betraten die beiden Brüder Wilhelm und Gustav Koll in Genua den Dampfer »York« der »Norddeutschen Lloyd«, um etwa 4 Wochen später in Shanghai von Bord zu gehen, in dem Land, in dem sie mithelfen wollten, das Evangelium zu verbreiten.

In Wuppertal-Barmen, in einer hässlichen Mietskaserne aufgewachsen, verloren sie schon als Kinder ihren Vater und versuchten mit ihren vier weiteren Brüdern ihrer gottesfürchtigen Mutter beizustehen. Gott erhörte die Gebete der Mutter, und sie durfte erleben, dass alle ihre Söhne in jungen Jahren den Herrn Jesus als ihren Herrn und Erlöser erkannten und ihm ihr Leben anvertrauten. Gustav bekehrte sich im Alter von zehn Jahren und Wilhelm im Alter von sechzehn Jahren.

Gustav war ein kleiner, schwächlicher Junge, von dem die Leute sagten: »Ach, der wird sicher auch nicht alt.« Wilhelm dagegen begann zielstrebig eine Kaufmannslehre, um die Mutter zu unterstützen. Gustav fand trotz aller negativen Prognosen mit vierzehn Jahren eine Stelle als Bandwirker, und die ärmlichen Verhältnisse zu Hause verbesserten sich immerhin so, dass sie mit ihrer Mutter eine schönere Wohnung etwas abseits von der Stadt beziehen konnten.

Nach der Arbeit verbrachten die beiden Brüder ihre freie Zeit mit Literatur, Sprach- und Musikstudien und lasen mit gleichgesinnten Freunden die Bibel und verteilten Traktate. Beide interessierten sich für die Missionsarbeit, wobei durch die Biografien von Robert

Morrison, Carl Gützlaff und Hudson Taylor ein großes Interesse für China geweckt wurde, das Land der verheerenden Bürgerkriege, der Hungersnöte, Seuchen und eigenartigen Götzendienste. Damals blühte die China-Inland-Mission auf, die von Hudson Taylor 1865 gegründet wurde. Viele, oft auch junge Missionare bezahlten dort ihren hingegebenen Dienst mit ihrem Leben. Besonders während des »Boxer-Aufstands« (1901–1902) wurden etwa 200 Missionare getötet.

Sonntags besuchten die beiden Brüder die »Christliche Versammlung« in Barmen, und als sie dort einen Missionar kennenlernten, der aus China kam und in Wuppertal seinen Heimaturlaub verbrachte, suchten sie jede Möglichkeit, bei ihm etwas über China und die Missionsarbeit in diesem großen und gefährlichen Land zu erfahren. Bereits mit der englischen und französischen Sprache vertraut, lernten sie durch den Kontakt mit ihm auch die Grundlagen der chinesischen Sprache kennen.

ERSTE GLAUBENSERFAHRUNGEN

Ein Jahr nachdem ihre Mutter recht plötzlich gestorben war, gaben sie ihre Stellen auf und reisten nach England, um ihre Englischkenntnisse zu vertiefen und gleichzeitig am missionsärztlichen »Livingstone College« Medizin zu studieren.

Dort gab es auch viele Gelegenheiten, in Zeltmissionen und bei Straßeneinsätzen zu evangelisieren. Hier lernten sie gleichgesinnte junge Freunde kennen, mit denen sie sich über ihre Lebenspläne austauschten und versprachen, füreinander zu beten.

Während dieser Zeit traten Wilhelm und Gustav Koll auch brieflich mit Thomas Hutton (1856–1926) und dessen Schwiegersohn Heinrich Ruck (1887–1972) in Kontakt, die beide als Pioniermissionare in Xinghua in der chinesischen Provinz Jiangsu das

Evangelium verkündigten. Diese beiden Brüder ermutigten Wilhelm und Gustav, im Vertrauen auf den Herrn den Schritt zu wagen, um in China die Missionsarbeit zu unterstützen.

Als Wilhelm und Gustav nach einem Jahr wieder nach Wuppertal zurückkehrten, waren ihre Ersparnisse aufgebraucht. Ihr Herz brannte für China, aber woher sollten die finanziellen Mittel für die Ausreise herkommen?

Sich einer Missionsgesellschaft anzuschließen und davon abhängig zu werden, hielten sie nicht für das biblische Ideal. Aber Gott hatte in der Heimat inzwischen eine Anzahl junger und älterer Geschwister willig gemacht, mehr als genug Geld für die Ausreise der beiden zusammenzulegen. Das war für die beiden angehenden Missionare eine ermutigende Glaubenserfahrung.

So wurde wenige Tage vor ihrer Abreise von den jungen Freunden in Barmen eine Abschiedsfeier organisiert, zu der auch ältere Geschwister kamen. Und dann ging es am 28. September 1912 unter Begleitung vieler Geschwister zum Bahnhof, um über Genua/Italien in das große »Reich der Mitte« zu den vielen Millionen von Menschen in China aufzubrechen, um dort als Mitarbeiter Gottes mitzuhelfen, den Samen des Evangeliums auszustreuen.

ANKUNFT IN SHANGHAI

Am 3. November 1912 kamen sie in der damals schon recht modernen, europäisch geprägten Weltstadt Shanghai an. Dort blieben sie aber nur wenige Tage, um die nötigen Einreisebestimmungen zu erledigen und anschließend per Zug und Schiff nach Xinghua zu reisen. Dort befand sich die Missionsstation der Missionare Thomas Hutton und Heinrich Ruck, deren Einladung sie gefolgt waren.

Wie aus einer späteren Beschreibung von Gustavs Frau Lili (von ihr wird noch oft die Rede sein) hervorgeht, wurde Xinghua ihrem Namen »Die Aufblühende« damals wohl kaum gerecht. Lili beschrieb diese Stadt Jahre später als eine der hässlichsten Städte der Welt:

»Schmutzige, enge Gassen, links und rechts graue Mauern, kein Garten, kein Rasen, keine Blume, kaum ein Baum erfreut das Auge, weder im Frühling noch im Sommer ... Im Armenviertel reiht sich Strohhütte an Strohhütte, Jauchegrube an Jauchegrube, Abfallhaufen an Abfallhaufen. Jede Hütte ist außerdem von hohen maulwurfhaufenartigen Erdhügeln umgeben; das sind die schmucklosen Gräber.

Halb verhungerte, herrenlosen Hunde, fette schwarze Schweine und Ferkel, Hühner und stolze Hähne leben mit den Menschen unter einem Dach ... In Xinghuas Hafen liegen unzählige Jaucheboote. Die Eigentümer wohnen mit ihren Familien im Hinterteil der Boote. Man staunt – allerdings mit fest geschlossenem Mund und angehaltenem Atem – und fragt sich: Wie kann hier ein Mensch leben? Der Jauchehandel blüht das ganze Jahr über. Und welch eine Menschenmenge bewegt sich durch die engen Gassen der großen Stadt! Zerlumpte Bettler,

Blinde am Stab; Lahme auf der Erde betteln um eine kleine Gabe. Um mehr Mitleid zu erregen, beschmieren sie ihre Gesichter mit Lehm und wälzen sich durch die Straßen …«

In den ersten Monaten bekamen Gustav und Wilhelm von einem würdevollen, vornehmen Herrn mit einem eindrücklichen Zopf und langen Fingernägeln Sprachunterricht, und so konnten sie bald die ersten Reisen unternehmen, um Traktate zu verteilen. Sie boten Bücher an, hielten kurze Predigten auf der Straße oder in den Schulen. Gleichzeitig brachten sie auch medizinische Hilfe und verteilten Medikamente.

Ihre Arbeit wurde allerdings unliebsam unterbrochen, als der Erste Weltkrieg ausbrach und Wilhelm, der zur Ersatzreserve gehörte, einen Stellungsbefehl erhielt, um eine deutsche Kolonie in China gegen die Japaner zu verteidigen. Wenige Monate später musste sich die kleine Besatzung der japanischen Übermacht ergeben. Die folgenden fünf Jahre verbrachte Wilhelm als Kriegsgefangener in Japan. Dort nutzte er die Gelegenheit, seinen deutschen Mitgefangenen das Evangelium zu bezeugen, während Gustav, der nicht eingezogen wurde, zeitgleich eine »Knabenschule« in einem neuen Missionsgebiet gründete. Damit erfüllte sich auch sein Jugendtraum, einmal Lehrer sein zu können.

Gustav konnte hier vielen jüngeren und älteren Menschen über vier Jahre lang das Wort Gottes verkündigen und durfte erleben, dass der Herr die Saat aufgehen ließ und sowohl Wachstum als auch Frucht schenkte.

1924 trat Gustav seinen ersten Heimaturlaub an und heiratete in Wuppertal-Barmen am 16. April 1925 Lili Meyer. Sie besuchten nach ihrer Hochzeit gemeinsam Versammlungen und Konferenzen in den USA und reisten nach Japan, wo sie 11 Monate blieben, viele Christen kennenlernten und mit ihnen in Tokio auf den Straßen evangelisierten. Aber dort erreichte sie der dringende Ruf aus China: »Komm herüber und hilf uns!«

Am 2. Oktober 1926 versammelte sich eine kleine Schar von Geschwistern, um in Yokohama Abschied von Gustav und Lili zu nehmen, wo sie ein Schiff bestiegen, um nach China zu reisen. Zum Abschied sangen sie gemeinsam das in vielen Sprachen bekannte Lied »Gott mit euch, bis wir uns wiedersehn ...«

ZURÜCK IN CHINA

In China angekommen, erwarteten sie überfüllte Verkehrsmittel, gepaart mit der Erkenntnis gewisser Unterschiede hinsichtlich des Umgangs mit Nähe und Distanz. Keiner von ihnen beschwerte sich über die Enge, denn Chinesen lieben die Gesellschaft. Einsamkeit und Stille ist ihnen unangenehm und unheimlich.

Begleitet von einer Menschenmenge zogen sie in Gustavs letzte Junggesellenwohnung in Poh Dschü ein. Es war ein ehemaliger kleiner Eselstall, umgeben von elenden Hütten und Dunghaufen. Aber die chinesischen Freunde hatten alles getan, um die Wohnung zu säubern und mit Papiergirlanden zu schmücken. Sie hatten die Wände weiß gekälkt und nannten diese Wohnung wegen der zahlreichen kleinen Fenster »Himmelshalle«.

Da Chinesen kontaktfreudig und neugierig sind, gab es für die junge Ehefrau auch dann keine Langeweile, wenn Gustav auf Missionsreisen unterwegs war. Jede Menge Besucher suchten die kleine Wohnung auf, untersuchten alle fremden Gegenstände und bestaunten sie wie in einem Museum.

Sonntags versammelten sich dort etwa 30 Christen zur Anbetung Gottes und zur Bibelbetrachtung, und am Nachmittag fand die Sonntagschule statt. Abends startete die Evangeliumsversammlung, wo es lebhaft zuging.

Es war nicht leicht, die Aufmerksamkeit der Leute zu gewinnen, und nur selten blieb jemand bis zum Ende auf seinem Platz sitzen. Sie nahmen es als selbstverständlich an, dass die verkündigte Botschaft der »fremden Teufel« sie nichts angeht, und es war immer eine große Gebetserhörung, wenn einer der Anwesenden den Worten Aufmerksamkeit schenkte oder sogar die Botschaft aufnahm.

So war es für die jungen Missionare eine große Freude und Ermutigung, als im Juni 1928 fünf Neubekehrte getauft werden konnten.

DAS FINDELKIND

An einem kalten Januartag im Jahr 1929 stand eine junge Chinesin mit einem blauen Bündel vor ihrer Haustür. In dem Bündel steckte ein halb verhungerter Junge von knapp zwei Jahren. Die Frau flehte, die Missionare sollten doch den Kleinen vor dem Hungertod retten, denn er sei elternlos und hätte nur einen älteren Bruder, der wegen der Hungersnot ins Ausland ausreisen möchte. Um das fehlende Geld zu besorgen, wollte er sein kleines Brüderchen verkaufen. Lili fühlte sich überfordert, einen kleinen Jungen zu erziehen, aber die Frau weinte und bettelte so sehr, bis endlich Gustav aus seinem Studierzimmer kam und sich die traurige Geschichte der Frau und des Kindes anhörte.

Die Missionare waren erfahren genug, um hier nicht einen möglichen Betrug zu wittern. Aber immerhin war der Junge halb verhungert, und es schien ihnen unmöglich, die Frau mit dem wimmernden Kind abzuweisen.

Schließlich sagte Gustav zu seiner Frau: »Wenn du meinst, du könntest die Verantwortung dafür übernehmen – ich habe nichts dagegen. Aber um ein kleines Kind kann ich mich nicht kümmern, das müsstest du tun.«

So blieb der kleine Junge bei den Kolls, wurde adoptiert und »Siegfried« genannt, auf Chinesisch »Sheng An«.

Das war für die vielen neugierigen Nachbarn eine Sensation. Als der Kleine zum Entsetzen der Chinesenfrauen gebadet wurde, hielten sie das für eine Grausamkeit und vermuteten, Lili wolle den kleinen Chinesen weiß waschen. Aber nachdem er drei Wochen lang mit Hirsebrei, Ziegenmilch, Brot und Äpfeln gefüttert wurde, erstarkten seine abgemagerten Beine, und bald konnte er im Garten herumlaufen.

Als Lili Koll 1933 schwer erkrankte und zudem in China neue Unruhen ausgebrochen waren – die Japaner besetzten die Mandschurei und bombardierten Shanghai –, hielt Gustav es für richtig, seine Frau mit dem kleinen Adoptivsohn zur Erholung und Sicherheit nach Deutschland zu schicken. Er selbst wollte zunächst in China bleiben und erst später seiner Familie nach Deutschland folgen.

Für Sheng An war der Besuch in Deutschland ein absolutes Abenteuer, und er kam aus dem Staunen nicht heraus. Er bewunderte die Straßen, Häuser und Gärten, und selbst die damals nicht besonders attraktive Fabrikstadt Wuppertal begeisterte ihn, und er blieb wie gebannt stehen, als er zum ersten Mal die berühmte Schwebebahn über sich dahinrauschen sah.

Er lernte nun auch seine zahlreichen bisher unbekannten Verwandten kennen, auch seinen Onkel Max Theis, der ihm Jahrzehnte später in China eine große Hilfe wurde, und lernte durch den Besuch der deutschen Schule in den kommenden Monaten spielend Deutsch sprechen.

1935 kam nun auch Vater Gustav im Heimaturlaub dazu, und als die Familie Koll ein Jahr später wieder die Reise zurück nach China antreten musste, »weinte der kleine Chinese so jämmerlich, als hätte er sein schönes und geliebtes Deutschland ins Grab legen müssen« – so beschrieb Mutter Lili den Abschiedsschmerz ihres kleinen Sohnes.

Per Schnelldampfer »Potsdam« ging es dann über England nach Shanghai, wo sie einen herzlichen Empfang von Wilhelm und seiner Familie sowie auch von der Familie Heinrich Ruck bekamen. Die Stadt war festlich geschmückt, man hatte sich vom japanischen Bombenhagel erholt, viele Häuser waren gebaut worden, und nun feierte man das 25-jährige Jubiläum der Republik China[1].

---

1 Die »Republik China« war von 1912 bis 1949 die Vorgängerrepublik der heutigen »Volksrepublik China« und erstreckte sich über ganz China – im Gegensatz zu Taiwan, das heute den Namen »Republik China« trägt.

Es dauerte einige Wochen, bis sie über Peking und Handan endlich wieder zu Hause ankamen, wobei sie die letzten 45 Kilometer in einem Maultierkarren zurücklegen mussten.

Sheng An wurde nun in der Missionsschule untergebracht, wo sein Chinesisch, das er fast vollständig verlernt hatte, wieder neu aufgefrischt wurde. Aber die vielen Freunde, die er in dem fernen Deutschland gefunden hatte, blieben ihm unvergessen.

DIE JAPANER GREIFEN AN

Die Nachrichten kamen nur sehr spärlich, und die schauerlichsten Gerüchte geisterten durch die Stadt, weil die Post- und Bahnverbindung mit Peking unterbrochen war. Doch das Donnern der Kanonen und das Heulen der japanischen Bomber kam immer näher, bis es Gewissheit wurde: Japan hatte 1937 den Krieg gegen China erklärt und griff unbarmherzig an.

Die optimistischen Chinesen waren sich sicher, dass die Japaner keine Chance hatten: »Auf einen Japaner kommen 10 Chinesen!« Aber sie irrten sich. Bald waren keine Lebensmittel mehr zu haben, und viele flüchteten auf das Land. Die Missionsstation füllte sich nicht nur mit vielen Flüchtlingen, sondern diese brachten auch ihre Pferde, Esel, Kühe, Katzen und Hühner mit, um dort Schutz zu suchen.

Jetzt wurden auch Bomben auf ihre Stadt geworfen, Maschinengewehre waren zu hören, Fensterscheiben klirrten, die Häuser bekamen Risse und ein langer Winter stand bevor, ohne Fluchtmöglichkeit und mit einem großen Mangel an Lebensmitteln.

Schließlich wurde es Gewissheit: Die Japaner hatten die Stadt eingenommen und zogen als Sieger ein. Gustav und Lili gingen ihnen entgegen, verbeugten sich höflich vor den Offizieren und hießen sie in japanischer Sprache willkommen. Als die Offiziere erkannten, dass sie Deutsche waren, kamen sie ihnen freudig entgegen, schüttelten herzlich ihre Hände und versicherten, dass ihnen kein Leid geschehen würde.

Als aber die Offiziere den Ort verlassen hatten und die japanischen Soldaten zurückblieben, begann eine schreckliche Zeit für die Missionsstation. Die Soldaten plünderten alles, was zu holen war. Einige Soldaten versuchten immer wieder, die Frauen und Mädchen zu vergewaltigen und sie mit ihren Gewehren einzuschüchtern. Die Tiere waren bald verhungert oder abgeschlachtet. Chinesische Freischärler und auch die Kommunisten versuchten die Japaner wieder zu vertreiben, und wer von den Chinesen sich den Japanern unterwarf, stand stets in Gefahr, von den Freischärlern oder den Kommunisten erschossen zu werden. Umgekehrt, wer sich den Freischärlern ergab, musste damit rechnen, von den Japanern gefasst, erstochen oder geköpft zu werden. So wogte der Krieg hin und her.

Inzwischen wurde 1941 bekannt, dass sich der Krieg auch in Europa ausbreitete. Deutschland hatte Russland angegriffen, und bald konnte man lesen, dass sich die Amerikaner im Krieg mit Japan befanden.

In den folgenden Jahren brach in China eine große Dürre und Hungersnot aus. Die Leute mussten sich teilweise von Blättern und Unkraut ernähren, weil keine Nahrungsmittel vorhanden waren. Cholera und Typhus breiteten sich aus – es war eine furchtbare Zeit, in der aber die kleine Christenschar wunderbare Erfahrungen der Treue und Fürsorge Gottes machte. Auch Sheng An und seine jungen Freunde lernten beten.

Obwohl Familie Koll von den Freunden in Amerika und Europa abgeschnitten war, gelang es Schweizer Geschwistern, Geldsendungen nach China zu übermitteln, um die größten Nöte zu lindern.

Was Sheng Ans Ausbildung betraf, so wünschte Gustav, dass er eine Lehre als Zimmermann machen sollte, um später für seinen Lebensunterhalt sorgen und daneben dem Herrn dienen zu können. Jedoch die Mutter war überzeugt, dass Sheng An sich zunächst schulisch weiterbilden sollte. So konnte Sheng An auf verschiedenen Missionsschulen lernen und eine gute Allgemeinbildung bekommen, auch wenn das wegen der politischen Situation oft mit Schwierigkeiten verbunden war und er seine Eltern oft Monate, manchmal gar Jahre nicht treffen konnte.

Sheng An, der inzwischen ein junger Mann geworden war, fand in Handan bei den Japanern eine Stelle und überraschte seine Eltern oft mit unerwarteten Besuchen, wobei er Reis, japanische Streichhölzer, Papier und sogar einmal Zucker mitbringen konnte.

In diesen politischen Wirren zog Familie Koll oft um und wohnte teilweise auch in Peking bei befreundeten Missionaren.

Am 7. Mai 1945 teilte Sheng An seinen Eltern in einem Brief mit, dass Hitler in Berlin gestorben und Mussolini bereits Ende April hingerichtet worden sei. Nach einigen Wochen wurde bekannt, dass Deutschland am 8. Mai kapituliert hatte, und am 19. August erschienen bei Kolls zwei Herren vom Rathaus, die mehr wussten als die Leute in Stadt und Land: Das stolze Japan, Deutschlands Bundesgenosse, hatte sich bedingungslos ergeben. Der Krieg hatte zwar acht lange und schwere Jahre gedauert, aber den Optimismus der Chinesen nicht besiegt.

Der Chinesische Bürgerkrieg war während der japanischen Invasion durch ein Stillhalteabkommen beider Parteien von 1937 bis 1946 unterbrochen worden. Aber er flammte nach der Kapitulation Japans wieder auf. Vor allem die Gruppen der Kuomintang unter Chiang Kai-shek, die den nationalistischen Flügel bildeten (Nationale Volkspartei Chinas), kämpften gegen die Kommunistische

Partei unter Mao Tse-tung. Wobei es zusätzlich noch einen linken Flügel der Nationalisten gab, der teilweise mit den Kommunisten sympathisierte. Man schätzt, dass dieser Krieg mehreren Millionen Soldaten und Zivilisten das Lebens kostete.

Sheng An, der sich mit den Japanern gut verstand, sich aber nach Kriegsende für den genialen General Chiang Kai-shek[2] (wir benutzen für ihn im Folgenden die Abkürzung C. K. S.) begeisterte, geriet im Lauf der nächsten Jahre in enorme, bedrohliche Konflikte. Im Kampf der chinesischen Parteien kam es dazu, dass sie ihre Landsleute der anderen politischen Richtung folterten und töteten. So landete Sheng An oft zwischen den Fronten, musste unter falschem Namen in eine andere Provinz flüchten und geriet nicht selten in lebensgefährliche Situationen. Er konnte nicht verstehen, dass Gott sein geliebtes China nicht vor den japanischen Armeen bewahrt hatte. Und jetzt brach der alte Bruderkrieg in China wieder auf, und die Kommunisten versuchten die Macht über das Volk zu bekommen.

Auch wenn er seine Mutter Lili über alles liebte, konnte er als junger Mann nicht länger zu Hause bleiben und dazu noch seine Adoptiveltern in Gefahr bringen. So schön auch seine Kindheit im Haus der Missionare war – er musste jetzt seinen eigenen Weg gehen.

---

2 Dieser zeitweilige Nationalheld und General ließ sich am 22. Oktober 1930 taufen und schloss sich den Methodisten an. Nach der Niederlage gegen die Kommunisten setzte er sich nach Taiwan ab und war dort bis zu seinem Lebensende diktatorischer Präsident von Taiwan.
Leslie T. Lyall (1905 – 1996), der zwanzig Jahre lang Missionar der China-Inland-Mission und deren Generalsekretär war, hat zahlreiche Bücher über China geschrieben und schreibt über C. K. S. in seinem Buch »Neuer Frühling in China«: »Chiang Kai-shek hat bis zum Ende seines langen Lebens nie aufgehört, praktizierender Christ zu sein. Mag er auch zunächst den christlichen Glauben nur unzulänglich verstanden haben, so gab seine Beerdigung 1976 ein eindrucksvolles Zeugnis für seine unerschütterliche christlichen Überzeugung ab« (S. 46).
C. K. S. hat an der Revision einer chinesischen Bibelübersetzung mitgearbeitet.

ALS KADETT DER KUOMINTANG

Als er wieder einmal durch die zerstörte Stadt Handan irrte, fiel sein Blick auf ein Plakat, auf dem Werbung für den Eintritt in die Kadettenschule der Demokratischen Volksarmee (Kuomintang) gemacht wurde. Da er von den demokratischen Überzeugungen des Generals C .K. S. überzeugt war und ihn verehrte, fasste er den Entschluss, sich dort als Kadett anzumelden und trat ein, ohne seine Eltern und Freunde zu informieren.

In der erst kürzlich eröffneten Schule herrschte unter den Kadetten zunächst eine begeisterte Aufbruchsstimmung. Der Direktor war ein Mann von kleiner Gestalt, aber großer Energie. Beim Schein einer winzigen Öllampe schrieb er den Namen, die Herkunft und den Lebenslauf seines neuen Schutzbefohlenen in seine Liste. Ein großes Bild des verehrten und geliebten Führers C. K. S. schmückte die kahle Wand, und unter dem Bild standen die Worte »Treue, Aufrichtigkeit, Einigkeit«.

Es war bereits Nacht, als sich Sheng An endlich an der Hirsesuppe, dem nordchinesischen Nationalgericht, satt essen konnte. Bevor er anschließend auf seinem harten Ziegelsteinbett einschlief, schüttete er im Gebet sein schweres Herz vor Gott aus, dem Gott, den er schon von klein auf kannte und von dem er alles erwartete, obwohl er manchmal an dessen Dasein zweifelte.

Für die jungen Patrioten begann zunächst eine schöne Zeit. Sie wurden kostenlos in ihre neue dick wattierte Winteruniform gekleidet, mit Hirsebrei und gedämpften Klößen gut versorgt und nach dem Exerzieren in moderner Kriegsführung, Bürgerkunde, Politik usw. unterrichtet. Oft unternahmen sie Wanderungen in der wilden Gebirgsgegend, fingen Füchse und stopften sie aus. Aber am schönsten waren für Sheng An die Abende, an denen sie chinesische Volks- und Vaterlandslieder sangen und sich alle von seiner schönen Stimme begeistert zeigten, während er als »Weltreisender« sowohl die deutsche als auch die japanische und englische Nationalhymne sang. Hier herrschte in der Tat Treue, Aufrichtigkeit, Einigkeit. Um seine Eltern zu beruhigen, schrieb er ihnen einen ausführlichen Brief über das herrliche Leben in der Kadettenschule.

BÜRGERKRIEG

Langsam, aber stetig schlugen sich die Kommunisten todesmutig vorwärts. Sie errangen große Siege wie auch furchtbare Niederlagen. Wo immer sie auftauchten, veranstalteten sie Volksgerichte mit dem Ergebnis, dass die Reichen über Nacht bettelarm wurden. Den Armen ging es dagegen besser. Wehe aber den Beamten, die unter den Japanern gearbeitet hatten. Sie wurden als »Vaterlandsverräter« aufs grausame Weise hingerichtet. Den Jüngeren unter ihnen bot man die Gelegenheit zur Umerziehung zur »modernen«, kommunistischen Weltanschauung an.

General C. K. S. tat alles, um den Kadetten die Vorzüge der Demokratie vorzustellen und ein neues, freies China zu schaffen. Aber trotz seiner Bemühungen bekamen die Kommunisten immer stärkeren Einfluss, und das wirkte sich auch auf die Kadetten aus. Die chinesische Nationalhymne durfte nicht mehr gesungen werden, Volkslieder verstummten, und für Sheng An war es besser, die deutschen, englischen und japanischen Lieder nicht mehr zu singen.

Als es dann durch den amerikanischen Einfluss dazu kam, dass Friedensverhandlungen durchgeführt wurden und es zu einem vorläufigen Waffenstillstand zwischen den Demokraten und den Kommunisten kam, wurde die Atmosphäre in der Kadettenschule anders. Ein neuer Direktor wurde eingestellt, der nach außen hin zwar die Amerikaner lobte, aber durchaus einverstanden war, dass ein großer Teil der Kadetten Schimpf- und Spottlieder auf Präsident Truman und General C. K. S. sang. In Sheng An breitete sich immer mehr ein Ekel vor diesen »Volksbefreiern« aus.

Inzwischen machten Misstrauen, Argwohn, sogar Hass unter den Kadetten die Runde. Keiner traute mehr dem anderen und witterte in ihm einen Feind. Viele Kadetten verschwanden plötzlich bei Nacht und Nebel und konnten nicht eingefangen werden.

Sheng An, der inzwischen als Klassenältester die Verantwortung für eine Abteilung hatte, musste auch erleben, dass einer seiner Schützlinge desertierte, wofür er eine scharfe Rüge von seinem Vorgesetzten bekam, der nun selbst auch in Verdacht geriet, heimlicher Fluchthelfer zu sein.

Zu diesem Zeitpunkt bekam Sheng An Besuch von einem guten Freund, der ihm ein Päckchen und einen Brief seiner Mutter brachte. Sie hatte ihm einen Trostbrief geschrieben und alles Mögliche in alte, wertlose deutsche Zeitungen gepackt, um ihrem Sohn eine Freude zu bereiten. Darunter war auch eine deutsche Taschenbibel. Alles versteckte er sorgfältig unter der Decke seines Ziegelsteinbettes.

Als er an einem stillen Platz außerhalb des Dorfes dem Freund seine deprimierende Situation schilderte, übermannte ihn das Heimweh, und es reifte in ihm der Plan, das zu tun, was andere schon längst getan hatten: desertieren!

DER DESERTEUR

Doch dazu kam es noch nicht. Sheng An, der nun strenger beobachtet wurde, wurde eines Tages kurz nach dem Exerzieren in eine Vorratskammer eingesperrt. Er hatte öffentlich einen Kameraden verteidigt, der mit einer zerschlissenen Jacke beim Appell erschienen war, und hatte sich damit den Zorn des Offiziers zugezogen. Tagelang blieb er in dieser Kammer eingesperrt, bis er eines Morgens eine leise Stimme vor dem Fenster hörte. Es war die Stimme eines Freundes, der ihm zuflüsterte: »Deine Sache steht nicht gut. Die Kameraden haben einen Berg Anklagen gegen dich gesammelt. Auf Wiedersehen, lieber Freund!«

Nach vier Tagen wurde ihm Schreibpapier gebracht, auf dem unzählige Fragen standen, die er in seiner einsamen Kammer beantworten sollte. Seine Sünden sollte er bekennen und seine Gedanken aufschreiben.

Am fünften Tag wurde er von seinem Direktor zum Frühstück eingeladen. Sollte das seine Henkersmahlzeit sein? Der Direktor stellte viele Fragen und forderte ihn auf, Sünden zu bekennen, die er nicht getan hatte. »Lüge nicht«, sagte der Direktor schroff. »Wir wissen alles über dich und haben viele Beweise, dass du mit unseren Feinden heimlich in Verbindung stehst. Du bist ein Gegenrevolutionär!«

Einen Tag später wurde er zu einer Gerichtsverhandlung im Freien geführt. Unter einem riesigen Baum hatte man eine Rednerbühne aufgestellt, die er besteigen musste, um die Anklagen gegen sich zu vernehmen. Von oben herab schaute er auf eine Menge von Mitschülern und Vorgesetzten.

Anklage: »Sheng An! Du hast behauptet, General C. K. S. sei ein Landesverräter.«

Antwort: »Das habe ich niemals behauptet!«

Anklage: »Du bist ein Gegenrevolutionär und verhilfst deinen Kameraden zur Flucht.«

Der Angeklagte staunte und konnte keine Antwort finden.

Anklage: »Du hast in Deutschland Faschismus studiert!«

Antwort: »Ich war sechs Jahre alt, als mich meine Pflegemutter mitnahm, die zur Erholung nach Deutschland reiste. Nach drei Jahren reisten wir wieder zurück nach China.«

Anklage: »Du hast in Peking eine imperialistische, amerikanische Schule besucht, um antikommunistische Propaganda zu studieren!«

Antwort: »Ich habe in Peking eine methodistische Missionsschule besucht und dort nur Elementarunterricht bekommen.«

Anklage: »Du stehst heimlich mit unseren Feinden in Verbindung. Wir haben in deinem Koffer Briefe, Zeitungen und Bücher gefunden, die es beweisen.«

Antwort: »Die Briefe sind von meiner Mutter. Die Zeitungen sind alt. Meine Mutter hat sie benutzt, um einige kleine Geschenke darin einzupacken. Das Buch ist Mutters deutsche Bibel.«

Weil weder die Verkläger noch die Richter Deutsch verstanden, hatten die ausländischen Schriften ihr Misstrauen genährt.

Anklage: »Am 10. März hat dich ein Spion besucht!«

Antwort: »Es war kein Spion. Es war mein Freund, der in Kwang-Ping-Hsien als Schreiner arbeitet. Er hat mit Politik nichts zu tun.«

Anklage: »Du hast dein Bettzeug verkauft?«

Antwort: »Ja.«

Anklage: »Du wolltest desertieren?«

Antwort: »Ja.«

Eine unheimliche und drückende Stille herrschte.

»Warum wolltest du desertieren?«

Antwort: »Ich habe Heimweh!«

Totenstille.

»Schießt mich tot, wenn ihr wollt. Ich habe Heimweh, aber ich bin kein Gegenrevolutionär!«, rief der verzweifelte Angeklagte und brach in Tränen aus. »Tut mit mir, was ihr wollt. Ich habe bekannt, was zu bekennen ist!«

Ein bewaffneter Soldat brachte ihn zurück in die Vorratskammer, während draußen eine heiße Debatte stattfand. Jeder Anwesende musste seine Meinung sagen.

»Er muss erschossen werden!«, meinten die meisten.

»Er muss vors Kriegsgericht!«, sagten die anderen.

Für seine Freunde und Kameraden, die es gut mit ihm meinten, war es gefährlich, ihre wirkliche Meinung zu sagen. Gerne hätten sie ihrem verzweifelten Freund geholfen. Aber ihre Sympathie mit einem »Spion« hätte sie selbst in Gefahr gebracht.

»Er muss zehn Tage Arrest bekommen!«, sagten sie, um nicht als seine Freunde zu gelten.

Schließlich kamen sie überein, den jungen Staatsverbrecher nach I-Tschen ins Hauptquartier abzuführen, wo das Kriegsgericht über ihn entscheiden sollte.

»Du hast dich am Volk versündigt, du musst vom Volk gerichtet werden!«, entschied der oberste Kriegsrichter.

Was das Volksgericht bedeutete, das wusste Sheng An, und Grauen erfüllte sein Herz, als er sich in Gedanken schon am Marterpfahl leiden sah.

FLUCHT

Zwischen zwei bewaffneten Soldaten trat Sheng An seinen Trauermarsch nach Handan an. Am Abend erreichten sie ein Dorf, wo die Soldaten ein Schreiben des Kriegsrichters an den Dorfältesten abgaben und nach der Ablösung der Soldaten der Marsch mit zwei weiteren bewaffneten Männern weiterging. Im nächsten Dorf gab es einen zweitägigen Aufenthalt, wo man Sheng An in einen wasserlosen Brunnen steckte, auf den man zur Sicherung einen großen Stein wälzte. Als man ihn danach zwei jungen unerfahrenen Burschen anvertraute, die ihn weiter bewachen und begleiten sollten, gelang es ihm zu fliehen.

Wie gerne hätte er seine Eltern besucht! Aber erstens wusste er nicht, wo sie sich zurzeit aufhielten, und zweitens schämte er sich, ihnen als geflohener Staatsverbrecher zu begegnen und sie möglicherweise auch noch in Schwierigkeiten zu bringen.

Gerne wäre er nach Peking geflohen, wo die goldene Freiheit winkte. Aber Peking befand sich in den Händen der Nationalisten, und der Weg dahin war von den Kommunisten streng bewacht.

So machte er sich auf den Weg nach Handan. Unterwegs wollte er zahlreiche Freunde und Bekannte besuchen. Er wusste zu gut, dass er sich auf Dauer nicht vor den Kommunisten verstecken konnte. Irgendwann würden sie ihn aufspüren und erschießen. Aber vorher wollte er noch einmal seine Heimat und sein Elternhaus sehen, in dem er eine solch glückliche Kindheit erlebt hatte.

Als er die ärmliche Hütte seines Freundes Yang-Dsching-ling betrat, erschrak dieser nicht wenig und war genauso ratlos wie Sheng An. Beide waren dankbar für das ungemütliche, stürmische Wetter, bei dem sich kaum einer auf die Straße wagte und auch keine Auflauerer unterwegs waren. So konnten sie sich ungestört unterhalten.

»Sheng An«, sagte sein Freund, »hierbleiben kannst du nicht. Entweder musst du dich den Behörden stellen oder so bald wie möglich nach Peking fliehen. Nur ein Schritt ist zwischen dir und dem Tod. Bist du bereit, vor Gott zu erscheinen? Du weißt so gut wie ich, dass mit dem Tod nicht alles aus ist und dass es für einen Menschen furchtbar ist, in die Hände des lebendigen Gottes zu fallen. Aber dieser heilige Gott will nicht den Tod des Sünders, deshalb hat er eine Erlösung gefunden. Er hat die Welt so sehr geliebt, dass er seinen eingeborenen Sohn gegeben hat, damit jeder, der an ihn glaubt, nicht verlorengeht, sondern ewiges Leben bekommt. Glaubst du an den Sohn Gottes?«

»Ich glaube das alles von frühester Kindheit an. Aber für mich gibt es keine Rettung. Gott hasst mich, wie er Esau gehasst hat. Gott hat mich verworfen, wie er Saul verworfen hat. Gerade, weil ich alles weiß und doch nicht glaube, gehe ich einem schlimmeren Verderben entgegen als diejenigen, die nie etwas von Gott gehört haben.«

Sein Freund war sprachlos. Solch ein trauriges Bekenntnis hatte er noch nie gehört. Traurig legte er seinen Kopf auf den Tisch und betete: »Gott, wie kann ich diesem armen Menschen helfen? Du vermagst alles, zeige du Sheng An, dass du ihn nicht verworfen hast. Du willst, dass alle Menschen errettet werden.«

Dann nahm er seine Bibel und las ihm Hiob 33,15-18 vor. Aufmerksam hörte Sheng An zu und las dann selbst diese Verse noch einmal. Wie schön hörte sich das an! Aber war das wirklich so einfach?

»Bete für mich«, bat er seinen Freund, und dann nahm er Abschied. Es gelang ihm, Handan unbehelligt zu erreichen, wo ihn seine alten Freunde willkommen hießen. Tatsächlich wurde ihm ein Reisepass ausgestellt, der jedoch völlig falsche Angaben enthielt. Er hieß nun Hu-Mong-tang und war nicht 18, sondern 23 Jahre alt. Seine Haare, die er als Kadett gescheitelt trug, hatte er sich ganz kurz schneiden lassen. Dazu trug er ein ärmliches Bauerngewand und kam sich sehr klug und gerissen vor.

Mit seinem gefälschten Pass wollte er heute die Flucht nach Peking antreten. Das Wetter hätte nicht schöner sein können. Er mied es, die Landstraße zu benutzen, und ging wie ein Landwirt, der sich die reife Frucht besieht, langsam und sinnend durch die Weizenfelder, seinen Kopf nach kommunistischer Art mit einem Schweißtuch umwickelt.

Von ferne sah er einen Bauer, der ihm entgegenkam und sein Fahrrad schob. Er war genauso gekleidet wie er selbst. Er kam langsamen Schrittes auf ihn zu und bleib zwanzig Schritt vor ihm stehen:

»Halt! Stillgestanden! Wo kommst du her?«

»Aus Handan.«

Was tust du hier?«

»Ich warte auf eine Karre. Ich bin ein Handelsmann aus Handan und erwarte Ware aus dem Landkreis Guangping. Haben Sie vielleicht eine Karre gesehen?«

»Ich habe eine Karre gesehen, aber keine mit Ware.«

Sheng An versuchte gelassen zu wirken.

»Wie heißt du?«, fragte der Fremde.

»Ich heiße Hu-Mong-tang.«

»Wie alt bist du?«

»Dreiundzwanzig Jahre«. Sheng An wollte weitergehen.

»Stillgestanden!«, rief der Bauer und zog seinen Revolver.

»Kamerad«, sagte Sheng An, »was habe ich dir getan, dass du mich so behandelst? Wir sind doch Landsmänner, warum behandelst du mich wie einen Feind?«

»Stillgestanden!«, war die Antwort. »In dieser Zeit muss man vorsichtig sein, denn es laufen viele Feinde im Land herum. Wenn du ein guter Mensch bist, dann passiert dir nichts. Nimm einmal das Tuch von deinem Kopf herunter!«

Die Sache war ernst, Sheng An gehorchte.

»Wann hast du dir das letzte Mal die Haare geschnitten?«

»Ich lasse mir die Haare monatlich schneiden.«

»Das ist keine Antwort auf meine Frage. Komm jetzt mit mir nach Handan zum Rathaus. Da wollen wir die Sache untersuchen. Hier, schiebe mein Fahrrad!«

Sheng An gehorchte, während der Bauer mit geladenem Revolver hinter ihm herging.

Als sie sich der Stadt näherten, schlug Sheng An den Weg zum Rathaus ein.

»Nach Süden!«, kommandierte der Bauer – das war der Weg zur Polizei.

Dort angekommen, hörte er, wie der Bauer der Polizei mitteilte: »Das ist Sheng An, er ist 18 Jahre alt.«

Gerissen, wie Sheng An war – der »Bauer« war als Geheimpolizist, der sich verkleidet hatte, noch cleverer als er. Wenige Stunden später befand sich Sheng An im Gefängnis, das mit eingefangenen Kadetten und Studenten vollgestopft war. Ein wehmütiges Lächeln ging über die Gesichter der Insassen. Einige kannten ihn, und aus einer Ecke rief eine freudige Stimme: »Sheng An, komm zu mir!«

Das war der Sohn von Herrn Ahn, dem Prediger der China-Inland-Mission in Handan. Auch er saß hier gefangen, und das gab Sheng An Trost. Geteiltes Leid ist halbes Leid, und er gesellte sich herzzerbrechend weinend zu ihm.

Liebevoll legte Ahn-Yüe-han seinen Arm um den Schluchzenden: »Sei ruhig, weine nicht. Wir wollen alles dem Heiland sagen.«

Und dann stimmte sein Kamerad das bekannte deutsche Lied in chinesischer Sprache an:

Lobe den Herrn, oh meine Seele!
Ich will ihn loben bis in den Tod.
Weil ich noch Stunden auf Erden zähle,
will ich lobsingen meinem Gott,
der Leib und Seel gegeben hat,
werde gepriesen früh und spat,
Halleluja!

Selig, ja, selig ist der zu nennen,
des' Hilfe der Gott Jakobs ist,
welcher vom Glauben sich nicht lässt trennen
und hofft getrost auf Jesus Christ.
Wer diesen Herrn zum Beistand hat,
findet am besten Rat und Tat.
Halleluja!«

(Johann Daniel Herrnschmidt)

Bevor sie sich zum Schlafen niederlegten, beteten sie gemeinsam.

»Oh Gott, behüte meine Eltern und bringe sie gesund nach Peking«, flehte Sheng An.

IM SCHMELZ-TIEGEL GOTTES

Alles Gott zu überlassen – diese Lektion hatte Sheng An trotz seiner guten Schulbildung noch nicht gelernt. Aber jetzt hatte Gott selbst ihn in die Schule genommen, in der man keine »moderne Kriegsführung«, wohl aber Selbsterkenntnis lernt.

Am nächsten Tag frühmorgens wurde er herausgerufen. Man fesselte seine Hände, und wieder ging es in Begleitung von zwei Soldaten seiner geliebten Heimat zu, die sie am Abend erreichten.

Welch eine Schmach, als Gefangener die bekannten Gassen durchschreiten zu müssen! Bekannte Nachbarskinder standen da und schauten ihm mit traurigen Gesichtern nach. Sheng An lächelte sie fröhlich an, um seine Herzensqualen zu verdrängen.

Bald war das Gefängnis erreicht. Bevor er den vielen Sträflingen zugesellt wurde, führte man ihn dem Polizeihauptmann und dem Bürgermeister vor. Sheng An grüßte die hohen Persönlichkeiten stramm und militärisch. »Da haben wir ihn endlich, den Liu Mang (den Vagabund)!«, hörte er den Bürgermeister sagen.

Bald befand er sich in dem überfüllten Gefängnis. Welch eine Finsternis! Welch ein Dreck! War dies der Vorhof zur Hölle? Aber auch hier gab es Bekannte, von denen er eines Tages erfuhr, dass seine Eltern doch nicht die geplante Reise nach Peking antreten konnten.

»Wenn ich auch sterben muss«, dachte er, »ich empfange, was meine Taten wert sind. Aber meine Eltern! Oh Gott, rette doch meine lieben Eltern aus den Händen der Menschen!« Und endlich betete er aus tiefstem Herzen: »Oh Gott, sei mir, dem Sünder, gnädig!«

Die fürchterliche Umgebung veränderte sich nicht, denn mit zunehmender Hitze vermehrte sich der Schmutz, das Ungeziefer, das Elend und der üble Gestank hinter den Lattenverschlägen. Aber in seinem Herzen wurde es Licht. Reumütig bekannte er Gott seine vielen Sünden. Schließlich konnte er glauben und fassen, dass das Blut Jesu, des Sohnes Gottes, auch für seine Schuld geflossen ist. Der Friede Gottes, der allen Verstand übersteigt, erfüllte sein Herz, und er konnte jubeln:

»Ich weiß, an wen ich glaube,
ich weiß, was fest besteht,
wenn alles hier im Staube
wie Sand und Staub verweht;
ich weiß, was ewig bleibet,
wo alles wankt und fällt,
wo Wahn die Weisen treibet
und Trug die Klugen prellt.

Ich weiß, was ewig dauert,
ich weiß, was nimmer lässt;
auf ew'gen Grund gemauert
steht diese Schutzwehr fest.
Es sind des Heilands Worte,
die Worte fest und klar;
an diesem Felsenhorte
halt ich unwandelbar.

Das ist das Licht der Höhe,
das ist der Jesus Christ,
der Fels, auf dem ich stehe,
der diamanten ist,
der nimmermehr kann wanken,
der Heiland und der Hort,
die Leuchte der Gedanken,
die leuchtet hier und dort.

Er trocknet alle Tränen
so tröstend und so mild,
und mein unendlich Sehnen
wird nur durch Ihn gestillt.
Ich weiß, beim Auferstehen,
wenn ich verkläret bin,
werd ich mit Jesus gehen
durch Ewigkeiten hin.

(Ernst Moritz Arndt / August Hermann Niemeyer)

Viele kostbare Verheißungen aus Gottes Wort kamen ihm ins Gedächtnis. Früher konnte er damit nichts anfangen, aber jetzt klammerte er sich an die Verheißungen, wie sich ein Ertrinkender an einen Felsen im tobenden Meer klammert.

Von aller Art Ungeziefer gestochen und gebissen, saßen oder lagen die Gefangenen in der unerträglichen Hitze. Kaum ein Lichtstrahl drang in den Kerker. Kein Wasser gab es zum Trinken, geschweige denn zum Waschen. Sie löschten ihren Durst mit der dünnen Hirsesuppe. Einige der Mitgefangenen erlagen ihren eiternden Geschwüren, mit denen alle Leidensgenossen bedeckt waren.

Eines Tages jedoch geschah etwas Wunderbares: Ein großes Wasserfass wurde ins Gefängnis gebracht. Jeder Gefangene durfte einen Napf voll schöpfen, um seinen brennenden Durst zu löschen. Sheng An, der sich schon längst nach einem erfrischen Bad sehnte, trank nur einen halben Napf leer, die andere Hälfte schüttete er auf sein Schweißtuch und rieb sich damit sein schmutziges Gesicht und seinen zerstochenen, eiternden Körper ab. Aber dem dabeistehenden Wachposten passte das nicht: »Wie, du Vagabund, hast du immer noch nichts gelernt? Bist du immer noch vornehm?« Dazu stieß er drohende Flüche aus. Nie wieder wagte es Sheng An, sich solchen Luxus zu erlauben, und so schabte er weiter mit einer Scherbe seine eiternden Geschwüre.

Als man ihm Mitte Juni mitteilte, dass seine Eltern nun doch nach Peking reisen würden, weil dort die Kuomintang das Kommando hatten, konnte er Gott nur für seine Güte gegenüber seinen Eltern danken. Nun wusste er, dass er seine Eltern in dieser Welt wohl nicht mehr sehen würde. Der Polizeihauptmann erlaubte ihm, den Eltern einen Abschiedsbrief zu schreiben.

TODESKANDIDAT

Die Situation wurde bedrohlicher. Die nationalen Truppen errangen Siege und rückten näher. Da wurde von den Kommunisten der Befehl gegeben, alle Gefangenen, noch bevor sie von den nationalen Truppen befreit würden, zu erschießen. Je näher die Nationalen rückten, um so eiliger wurde der Befehl ausgeführt. Die Gefangenen wurden nicht mit Namen, sondern mit ihrer Nummer herausgerufen. Sie mussten vortreten und wurden sofort zur Hinrichtung geführt. Nummer 26 wurde herausgerufen und erschossen. Die Gefangenen saßen da mit kreideweißen Gesichtern und starrten sich gegenseitig voller Todesangst an. Sheng An hatte die Nummer 27 ...

»Herr Jesus, bewahre meine Eltern und nimm meine Seele auf!«, flehte Sheng An, dem es bewusst war, dass er als Nächster herausgerufen würde. Aber dann hörte er den schneidenden Befehl: »28! Vortreten!«

Hatte man ihn übersehen? Oder hatte er sich verhört? Während ihm das Herz wild schlug, musste sein Mitgefangener 28 entsetzt und mit gesenktem Kopf zur Erschießung antreten.

Und schließlich ging auch dieser Schreckenstag vorüber. Und weil die Nationalisten zurückgeschlagen wurden, hatte man die Hinrichtungen unterbrochen.

Sheng An lebte – und er dankte Gott für seine wunderbare Bewahrung.

Aber es kam noch schlimmer. Wenige Tage später wurden die Hinrichtungen fortgesetzt. Wieder mussten die Gefangenen antreten und mit dem Todeskommando rechnen. Jetzt wurde der ehemalige Bürgermeister Ho, ein gutmütiger Mann, der unter den Japanern gearbeitet und dem Volk nur Gutes getan hatte, herausgerufen, gemeinsam mit Nummer 27 – Sheng An. Beide wurden gebunden einem großen Volksgericht vorgeführt. Still und stumm gingen beide gebundenen Todeskandidaten zur Richtstätte, wo ein Pfahl aufgerichtet worden war. Die Richter befahlen den Gefangenen niederzuknien. »Pass gut auf«, sagte der Richter zynisch zu Sheng An, »was gleich mit dir geschieht!«

Nun musste er mit ansehen, wie sein Leidensgefährte an den Pfahl gebunden und langsam vom Volk zu Tode gemartert wurde. In seinen Qualen schrie der Bürgermeister: »Freunde, was habe ich euch getan, dass ihr mich so behandelt?« Nach einer Stunde war er tot.

Nun war Nr. 27 an der Reihe. Sheng An befahl noch einmal seine Seele Gott an, als völlig unerwartet die Vollstrecker kamen und den Gebundenen wortlos zurück ins Gefängnis führten.

»Er wird mich anrufen, und ich werde ihm antworten. Ich werde bei ihm sein in der Bedrängnis. Ich werde ihn befreien und ihn verherrlichen.« (Psalm 91,15)

Diese Psalmworte kannte Sheng An bisher nicht – aber er erlebte sie.

Das geschah genau am 15. September 1946, gerade zu dem Zeitpunkt, als die ersten Briefe seiner Eltern, die fünf Jahre von ihrer Heimat abgeschnitten waren, Deutschland erreichten. Auch in England und in der Schweiz hatte man von Sheng Ans Situation erfahren, und viele Freunde, die den kleinen Chinesen kannten, hatten für ihn gebetet!

Im Gefängnis angekommen, fiel Sheng An auf die Knie und betete inbrünstig zu dem großen, barmherzigen Gott. Wie groß war seine Liebe zu ihm, dem Vagabunden! Warum hatte er nur an seiner Liebe und Allmacht gezweifelt? Die finstere, schmutzige Zelle mit dem quälenden Ungeziefer war nun leichter zu ertragen, denn er fühlte Gottes Liebe und Nähe.

Im Oktober erlebte er eine weitere Ermutigung. Herr Li-Tscheng, ein Christ aus seinem Heimatdorf, der bei den Behörden in gutem Ruf stand, besuchte ihn.

»Sheng An«, sagte er, »ich bin gekommen, um dir zu helfen. Wenn du deine Verwandten in Sin-tscheng anerkennst, kann ich Bürge für dich werden. Deine deutschen Eltern sind fort, sie können für dich nichts mehr tun. Wer weiß, ob sie in China bleiben können. Im Herzen kannst du sie weiter lieben, und für sie beten kannst du auch. Wenn du aber deine echten Verwandten in Sin-tscheng nicht anerkennst, wird man dich töten. Wenn du sie aber anerkennst, darf ich Bürge für dich werden und man darf dir ohne meine Einwilligung nichts zuleide tun.«

Sheng An nahm diesen gut gemeinten Vorschlag gerne an. Unter Herrn Lis Aufsicht durfte er einen dreitägigen Besuch in seinem Heimatdorf machen. Als sie dort ankamen, wartete seine ganze große Verwandtschaft, Mutter, Brüder, Schwestern, Schwäger, Onkel, Tanten usw. voller Spannung auf ihn. Da kam er. Sprachlos standen sie sich gegenüber. Das Erstaunen war auf beiden Seiten zu groß. Das war also seine Mutter, die ihn, bevor er sprechen und laufen konnte, um Geld verkauft hatte! Er hatte sie ja noch nie gesehen. Das war also sein Elternhaus!

Und das war Sheng An, der Sprachforscher und Weltreisende, der die besten Schulen besucht hatte, dessen ungewaschenes Gesicht von struppigen schwarzen Haaren umrahmt war. Von oben bis unten in Lumpen gehüllt. An den Füßen trug er grüne Ärmel, die an den Zehen zugebunden waren. So schlimm sah doch der verkommenste Bettler nicht aus!

Inzwischen strömten auch die Nachbarn auf den Hof, jeder wollte den heimgekehrten Sohn der Frau Hu sehen.

Dann kam eine sauber gekleidete junge Frau auf ihn zu. »Willkommen, Sheng An!«, rief sie. »Hast du Hunger? Komm mit, ich habe Essen für dich bereitet.«

Natürlich hatte er einen Mordshunger. Es war seine Tante, die so freundlich mit ihm redete und ihn in ihre Hütte zog. Dort hatte sie einen Riesentopf Nudeln für ihn gekocht. Wie dankte er seiner Tante, aber auch seinem himmlischen Vater für dieses Festmahl! Er durfte sich waschen, ließ sich die struppigen Haare schneiden, und später am Abend kamen seine alten Freunde und brachten ihm Geld, Kleider, Schuhe, Strümpfe und ein Neues Testament.

Nach drei Tagen wurde der Sträfling vom Polizeihauptmann zurückgerufen. Das Kriegsgericht hatte den jungen Vagabunden zu zwei Jahren Zwangsarbeit »begnadigt«, um ihm Gelegenheit zu geben, seinen Sinn zu ändern und Kommunist zu werden.

Schon nach einer Woche Arbeit in der Küche wurde er mit zwei weiteren Gefangenen vom Polizeihauptmann gerufen. »Ihr drei dürft jetzt in Feixiang eine Schule besuchen und weiterstudieren.« Das klang in der Tat sehr verheißungsvoll. Er traute seinen Ohren kaum. Weiterstudieren! Welch eine Wendung zum Guten!

Jeder Gefangene bekam einen Bleistift und ein Schreibheft. Wie glücklich und wie reich fühlte sich Sheng An! Sie rollten ihr Bettzeug zusammen, und Sheng An wickelte sein Neues Testament mit hinein, und unter Bewachung eines bewaffneten Soldaten traten sie die fünfzehn Kilometer weite Wanderung nach Feixiang an.

In einem Vorort befand sich das Anmeldebüro der Schule – direkt neben einem riesigen Gefängnishof, dessen Tor weit offen stand. Sheng An warf einen mitleidigen Blick in diesen Hof, in dem es von Gefangenen wimmelte, die er tief bedauerte. Da saßen sie in der Abendsonne auf der Erde und suchten die Läuse aus ihren schmutzigen Steppdecken. Die ungekämmten Haare hingen den in Lumpen gekleideten Männern tief in die ungewaschenen Gesichter.

In der Mitte des Hofes stand ein baumlanger Aufseher, der ein Bein auf einen Stuhl gestellt hatte und auf dessen Oberschenkel eine Landkarte lag. Er schien den Gefangenen eine Rede zu halten.

Lange konnte Sheng An nicht stehen bleiben, denn er musste sich zur Schule anmelden. Die Herren im Anmeldebüro waren alles andere als freundlich. Sie befahlen den Neuankömmlingen, ihre Bündel zu öffnen. Bleistifte und Hefte wurden ihnen abgenommen, und Sheng Ans Mut sank, als die Herren das Neue Testament besahen. Doch sie gaben es ihm zurück. Da sie es nicht lesen konnten, schien es ihnen wertlos zu sein – im Gegensatz zu den Bleistiften und Heften, für die sich durchaus eine Verwendung finden ließ ...

Die Anmeldung war beendet, und der Soldat wollte mit seinen Schutzbefohlenen weiter zur Stadt ziehen und erkundigte sich nach dem Weg zur Schule. Grinsend wurde ihnen gesagt: »Die Schule? Die Schule ist hier!«, und zeigten auf das eben erwähnte offene Tor!

Sheng An hatte auf dem Weg von einer Schule mit Bänken, Pulten, Wandtafeln und Turnplatz geträumt – und jetzt ...!

Der erwähnte Aufseher hielt noch immer seine Vorlesungen. Er unterwies seine Schüler in aller »modernen« Weisheit und belehrte sie, dass jede Art von Religion Aberglaube sei. Das Weltall sei aus nichts entstanden, der Mensch stamme vom Affen ab, usw. Der Lehrer redete bis in die Nacht hinein. Um den unzähligen rückständigen und bedauernswerten Gefangenen Gelegenheit zu geben, die neue »Wahrheit« zu lernen, waren ganze Dörfer in Schulen umgewandelt worden.

Unter den Bewohnern des Dorfes befand sich eine Christin, die Sheng An und seine Eltern gut kannte. Sie schaffte es, heimlich mit ihm zu sprechen, und ermutigte ihn, auf Gott zu vertrauen. Es gelang ihr auch, ihm ab und zu einen Leckerbissen wie zum Beispiel eine heiße Süßkartoffel zuzustecken.

So ging das Jahr 1946 zu Ende. Der Jahreswechsel wurde feierlich begangen. Auch in der Schule gab es zur Feier des Tages »Baotse«, mit Zwiebeln, Knoblauch und Schweinefleisch gefüllte Mehlklöße. Jeder durfte essen, so oft und so viel er konnte.

Aber es gab auch schlechte Nachrichten. Der Feind rückte vom Süden immer näher heran. Da wurde der Befehl gegeben, alle Sträflinge zu erschießen, um sie unschädlich zu machen. Hätte sich Sheng An noch im Gefängnis des Landkreises Guangping befunden, wäre es das Ende gewesen. Keiner der dortigen Gefangenen überlebte dort die Nacht vom 1. auf den 2. Januar.

Hier in Feixiang handelte man gnädiger. Hier wurden nur die allerschlimmsten Verbrecher hingerichtet. Die übrigen 300 Sträflinge band man an ein endloses Seil. Jeder durfte seine Habseligkeiten packen, und dann wurde Befehl gegeben zu laufen. Wer müde wurde und damit die anderen aufhielt, wurde erschossen. Wer sein Bündel fallen ließ, musste es liegen lassen. Wer einen Schuh verlor, durfte ihn nicht aufheben.

Die Christin nahm weinend Abschied von Sheng An, steckte ihm noch einige Leckerbissen zu und versprach, für ihn zu beten. Vier Tage dauerte die wilde Flucht. Scharen von Flüchtlingen liefen mit in Richtung Norden. Im Süden donnerten die Kanonen und ratterten die Maschinengewehre der Nationalisten.

Schlimmer als der Strom von Flüchtlingen, der sich nach Norden wälzte, war der Strom der Kommunisten, der sich von Norden nach Süden bewegte. Panzer und Kanonen rollten ununterbrochen voran, den Nationalisten unter General C. H. S. entgegen. So weit das Auge sah, nichts als Mordwaffen und »Volksbefreier« zu Fuß, zu Pferd oder auf Maultieren. Sie schimpften und fluchten. Sie verfluchten die Flüchtlinge, die ihnen den Weg versperrten, sie verfluchten die Gefangenen, die man besser erschießen sollte. Sie verfluchten den General C. H. S. und die Amerikaner, die nach ihrer Meinung an allem Elend der Welt schuld waren ...

Die dreihundert Gefangenen liefen um ihr Leben. Wer seinen Schuh verlor, lief barfuß weiter. Wem sein Bündel zu schwer wurde, warf es weg. Nachts wurden sie in ein Bauernhaus eingesperrt – dreihundert Männer, an einem Seil festgebunden. Immerhin hatte das den Vorteil, dass sie nicht allzu sehr froren, denn draußen war es bitterkalt.

Endlich erreichte man das Ziel. Hier war man sicher vor dem Feind, und man konnte abwarten, welche Wendung der Bürgerkrieg nehmen würde. Sheng An hatte seine Schuhe noch an den Füßen, während die meisten Leidensgenossen sie unterwegs verloren hatten. Auch sein Bettzeug mit dem eingewickelten Neuen Testament besaß er noch.

Nach zwei Monaten konnten die Gefangenen den Rückweg antreten. Die Kommunisten hatten die Nationalisten zurückgeschlagen. Alles jubelte – musste jubeln.

Die Situation unter den Gefangenen besserte sich. Sie bildeten eine große Familie und halfen einander. Sheng An brauchte auch sein Neues Testament nicht verstecken. Er las offen darin und bekam oft Gelegenheit, seinen Glauben vor den Kameraden zu bekennen.

Auch die Arbeit war abwechslungsreich. Die Sträflinge drehten Mühlen, stellten Erdnussöl her, backten Brot, zupften Baumwolle. Draußen halfen sie beim Eisenbahn- und Brückenbau. Da Sheng An gut mit Tieren umgehen konnte, wurde er oft geschickt, um mit Maultier und Karren Kohlen einzukaufen. Im Sommer vertraute man ihm eine Schaf- und Ziegenherde an, die er auf die Wiese führen musste. Dort fand er Zeit und Stille, um Gottes Wort zu studieren. Hier konnte er nach Herzenslust lesen, singen und beten.

Inzwischen lagen zwei Jahre hinter ihm – und tatsächlich: Sein Bürge Li-Tscheng erschien, und das Kriegsgericht sprach ihn frei.

IM SCHATTEN DES ALLMÄCHTIGEN

Je mehr Sheng An sich Mühe gab, seine Eltern zu vergessen, umso mehr wuchs seine Sehnsucht nach ihnen. Lebten sie noch, oder hatten sie China verlassen? Ob sie in Peking waren?

Peking befand sich zu jener Zeit in den Händen der Nationalisten. Eine Postverbindung gab es nicht, aber immer wieder gab es vereinzelt waghalsige Personen, denen es gelang, sich durch die Linien zu schmuggeln – aber das war ein gewagtes Unternehmen und für Sheng An so gut wie ausgeschlossen. Und doch – er konnte diesen Gedanken nicht loswerden.

Es war noch stockdunkel, als er seinen Pass, sein Geld und sein Neues Testament in die Tasche steckte – er hatte sich entschlossen, den weiten Marsch nach Peking zu wagen. Er befand sich auf dem Weg, der nach Norden führte, aber er erfuhr von den Leuten, die auch unterwegs waren, dass dieser Weg scharf bewacht sei, weil im Norden Kämpfe zwischen den rivalisierenden Truppen ausgebrochen seien. So wanderte er nach Osten in der Hoffnung, dass dort irgendwo ein Weg nach Norden führen würde.

Er kam an einer Grabstätte vorbei und machte an einem Grab halt. Aus seinem Gepäck holte er sein geschätztes Neuen Testament, las noch einmal darin, um sich zu stärken, und schmiegte es dann eine Weile an sein Gesicht und weinte. Er weinte, weil er sich von seinem Neuen Testament verabschieden musste. Auf dem Weg musste er mit vielen Stationen der Kommunisten rechnen. Falls sie das Neue Testament finden würden, würden sie ihn für einen Spion halten und festnehmen. Wollte er wirklich Peking irgendwie erreichen, dann musste er sich von seinem Schatz trennen. Je ärmer und ungelehrter er auftrat, umso besser. Er fühlte, dass es keine Glaubenstat war. »Vergib mir, Gott«, bat er, »dass ich dein Wort hier vergrabe. Zeige du mir, was ich tun soll, denn ich bin ganz hilflos.«

Während ihm die Tränen die Wangen hinunterliefen, grub er mit seiner bloßen Hand ein Loch, legte das Neue Testament hinein und bedeckte es wieder mit Erde und einem Ziegelstein. Es war eine traurige Beerdigung. Dann wanderte er weiter auf der Landstraße und schaute sich immer wieder nach dem Fleckchen Erde um, wo er sein Kleinod begraben hatte.

Seine Tränen flossen weiter. Sollte er zurückkehren und das Buch wieder ausgraben?

»Mein Gott, hilf mir! Ich sehe keinen Ausweg!«

Während er so betete, hatte er nicht beobachtet, dass auf der Landstraße ein langer Zug beladener Maultierkarren näher kam.

»He, Kamerad!«, rief einer der Fuhrleute vom Wagen herunter. »Du sieht recht müde aus, willst du mitfahren? Wir fahren nach Tschang-dschou!«

Die Stimme klang erfreulich einladend. Sheng An sah zur Karre auf und antwortete traurig: »Fahren kommt für mich nicht infrage. Ich bin zwar auch auf dem Weg dorthin, aber ich bin arm und habe nicht einmal Geld, um mich satt zu essen.«

»Geld spielt keine Rolle«, erwiderte der freundliche Fuhrmann, »komm, steig auf!«

Sheng An merkte, dass der Mann es gut mit ihm meinte, und winkte ihn zu sich. Der Fuhrmann hielt seine Tiere an und sprang von der Karre herunter. »Mein Name ist Hu«, sagte Sheng An, »ich möchte nach Tschang-dschou, aber mein Reisepass ist ungültig, können Sie mir irgendwie helfen?«

»Mach dir keine Sorgen, ich habe schon manchem armem Schlucker aus seiner Verlegenheit geholfen, und ich will tun, was ich kann, um dir zu helfen. Kannst du mit Tieren umgehen?«

»Jawohl.«

»Gut«, sagte der Fuhrmann, »es fehlt mir gerade ein Knecht. Zu diesen beiden Karren, die von je zwei Maultieren gezogen werden, gehören eigentlich vier Fuhrleute. Einer ist heute krank geworden, den kannst du ersetzen. Hier, ziehe du meinen Fuhrmannmantel an und gib du mir deinen Bauernmantel.« Dazu gab er ihm ein dreieckiges Tuch, mit welchem sich alle Fuhrleute den Kopf umwickeln. »So«, sagte der Fuhrmann, »nun siehst du aus wie mein Knecht. Die Wachposten werden dich nicht untersuchen, die haben genug mit der Untersuchung der Auswanderer zu tun. Auch stell dich blöd und taub, dann werde ich für dich sprechen und jedem sagen, du wärst ein Idiot.«

Der Vorschlag war gut. Sheng An schlug sich den Schafspelz seines Wohltäters über die Schultern, band sich das dreieckige Tuch um den Kopf, nahm die Peitsche – und vorwärts ging die Reise Richtung Norden.

Bei einer Zollstation mussten alle Passagiere aussteigen und durchsucht werden. Als sie die Zollstation verlassen wollten, rief der Kontrolleur: »Wir haben den Wagenführer noch nicht gecheckt!« Darauf rief der Fuhrmann: »Er ist taubstumm!«, und rief laut Sheng An, dass er zurückkommen sollte. Aber Sheng An hob seinen Kopf nicht einmal und verhielt sich so, als ob er nichts gehört hätte, und lenkte die Maultiere weiter. Da nahmen die Kontrolleure an, dass er tatsächlich taubstumm sei, und ließen ihn fahren.

Die Maultiere trabten die ganze Nacht hindurch, bis sie im Morgengrauen den Sha-He-Fluss erreichten. Dort standen die Fährboote, um die vielen Reisenden auf die andere Seite ins nationale China zu bringen.

Hier musste Sheng An Abschied von Herrn Mong, dem Fuhrmann, nehmen, der sich nun für die lange Rückreise vorbereiten musste. Er schenkte Herrn Mong seine Schlafdecke als Dank und hätte ihm gerne noch mehr gegeben. Aber Peking war noch nicht erreicht, und er musste auf der anderen Seite des Flusses den nächsten Bahnhof erreichen und eine Fahrkarte nach Peking bezahlen. Daher gab er ihm nur die Hälfte des Geldes, das er noch besaß.

Um zehn Uhr bestiegen die am Ufer wartenden Menschenmengen die Fährboote, und dann ging es hinüber ins nationale China.

Während sich dort die reichen Leute per Autobus zum nächsten Bahnhof fahren ließen, ging Sheng An die 15 Kilometer zu Fuß, um Geld zu sparen.

Als er dort angekommen war, drängte sich eine riesige Menschenmenge in den Zug. Alles war vollgepackt mit Auswanderern und Flüchtlingen. Wer bezahlen konnte, kaufte ein Fahrkarte. Die Übrigen wurden umsonst mitgenommen. Es gelang Sheng An, sich durch ein Fenster hineinzudrängen, und bald dampfte der überfüllte Zug Peking zu.

Hunger, Müdigkeit, Kälte – alles war vergessen. Sheng Ans Herz strömte über von Lob und Dank gegenüber Gott, der ihn bis hierhin so gnädig bewahrt und geführt hatte.

Als der Zug vier Stunden später in Peking eintraf, war es 20 Uhr. Erst jetzt merkte er, dass er den ganzen Tag nichts gegessen hatte. Er kaufte sich mit seinem letzten Geld am Bahnhof zwei Pfannkuchen und eine Schüssel chinesischer Maultaschen. Jetzt hatte er nur noch 20 Cent – aber er fühlte sich wunderbar gestärkt.

Langsam durchwanderte er die Stadt. Wie vielen Ausländern begegnete er! Er betrachtete jeden einzelnen von ihnen genau – vielleicht würde er seine Eltern zufällig treffen. Er entschloss sich, zur Fang-Dschi-Gasse zu gehen. Dort wohnte früher die ihm bekannte Missionsfamilie Ruck, und die würden sicher wissen, wo seine Eltern waren. Alles sah dort wie früher aus, die Gasse, das Haus ...

Auf sein Klingeln öffnete eine unbekannte Frau, die ihn erstaunt betrachtete. »Entschuldigen Sie bitte, wohnt hier vielleicht die deutsche Familie Heinrich Ruck?«

»Hier wohnt keine deutsche Familie«, war die unfreundliche Antwort, und die Tür wurde ärgerlich zugeknallt.

Enttäuscht wanderte er zum Bahnhof zurück. Inzwischen war es 22 Uhr, und er musste sich nach einer Herberge umsehen, von denen es zahlreiche in der Nähe des Bahnhofs gab. Aber nicht für einen Vagabunden, der nicht einmal einen Pass vorweisen konnte. Fünf Mal wurde er abgewiesen, schließlich sah er nicht vertrauenswürdig aus. Lange hatte er nicht mehr in einen Spiegel geguckt. Auf seiner 800 Kilometer langen Reise hatte er nur selten eine Waschgelegenheit gefunden.

Vor einem großen Bankgebäude blieb er stehen und fand dort eine windstille Ecke. Nachdem er sich hier niedergelegt hatte, überkam ihn ein totales Gefühl der Einsamkeit und Verlorenheit. Aber dann fiel ihm wieder ein, wie wunderbar Gott ihn bisher bewahrt hatte. Warum hatte er plötzlich alle Hoffnung verloren? »O Gott, ich habe niemanden als dich. Zeige mir doch bitte, was ich tun soll!«, betete er.

Die Antwort kam sofort. Er erinnerte sich an die alte Frau Dschand, die ihm, als er die »Sprudelnde Literaturschule« besucht hatte, seine Anzüge gewaschen und instand gehalten hatte. Aber zehn Jahre sind eine lange Zeit. Ob sie immer noch in der »Tschetse«-Straße wohnte?

Er erhob sich. Seine Glieder waren steif vor Kälte, und er hüllte sich fester in seinen Mantel und verließ sein kaltes, ungemütliches Nachtlager. Als er endlich in der gesuchten Straße ankam, schlug die Turmuhr 24 Uhr. Auch hier sah alles wie früher aus. Er klopfte an das Tor – keine Antwort. Nachdem er dreimal geklopft hatte, hörte er Stimmen und ein Licht ging an. »Wer ist da?«, rief eine Stimme.

»Wohnt hier Frau Dschang?«

»Was soll Frau Dschang?«

»Ich suche Frau Dschang.«

Die Stimme näherte sich, und vorsichtig wurde die Tür einen Spalt geöffnet. Durch den schmalen Spalt flüsterte Sheng An: »Ich heiße Sheng An.«

Sofort öffnete sich das Tor. Aber nicht Frau Dschang guckte erstaunt, denn sie war schon vor Jahren gestorben, sondern ihre Schwiegertochter, die den kleinen Schüler aus der Literaturschule gut in Erinnerung hatte. Sie erkannte ihn sofort, trotz seines grauenhaften Aussehens. Sie zog ihn sofort in die warme Stube und fragte erstaunt: »Wo kommst du her? Wo sind denn deine Eltern?«

Inzwischen kam auch ihr Mann dazu, und auch die Kinder erwachten und erkannten ihren »älteren Bruder«, wie sie ihn früher genannt hatten, weil er ihnen immer lustige Geschichten erzählt hatte.

Der Morgen graute, als Sheng An seine lange, traurige Geschichte zu Ende erzählt hatte und sie sich zur Ruhe legen konnten.

»Morgen werde ich mich sofort telefonisch bei den Christen erkundigen, ob die wissen, wo deine Eltern sind«, tröstete Herr Dschang seinen jungen Freund. »Mach dir keine Sorgen«, fügte er hinzu, »wenn deine Eltern China verlassen haben, dann bleibst du bei uns.«

Am nächsten Morgen machte sich Herr Dschang auf den Weg, um sich zu erkundigen, und kam schließlich mit der guten Nachricht zurück: »Deine Eltern sind noch in Peking, sie wohnen in der Oststadt.« Sheng An konnte es kaum glauben. Werden sie ihn, den »Vagabunden«, nach den vielen Jahren als ihr Kind anerkennen?

Herr Dschang machte sich sofort auf die Suche. Aber es dauerte noch zehn Tage, bis er mit der guten Nachricht »Ich habe sie gefunden!« zurückkehrte.

Die Eltern waren natürlich überglücklich über diese unerwartete Begegnung. Hatten sie doch Tag und Nacht für ihr Kind gebetet. Nun hatte Gott ihr Gebet erhört und Sheng An lebte, war frei. Nicht nur aus dem Gefängnis befreit, sondern auch aus der Knechtschaft der Sünde und Satans. Zweieinhalb Jahre hatten sie nichts mehr von ihm gehört und wussten nicht, ob er noch lebte.

Sofort machte sich Sheng An mit Herrn Dschang – den er inzwischen »Onkel Zhang« nannte – auf den Weg und konnte vor

Freude und Glück zunächst kein Wort sagen, als er seine Familie nach so langer Zeit wieder in die Arme schließen konnte. Sie sahen einander lange an und weinten laut vor Freude. Sheng An war überwältigt von diesem lang ersehnten Moment. Er fühlte sich in den Armen der Mutter wieder glücklich – wie in der Kindheit.

Es gab viel zu erzählen. Aber zuerst brachten sie Sheng An zu Geschäften, um ihn neu einzukleiden. Dann ließen sie ihn ein Bad nehmen, und nachdem sie seine alten, schmutzigen Kleider abgelegt und weggeworfen hatten, gab es ein großartiges Essen. Sie besaßen zwar kein »gemästetes Kalb« wie bei der Rückkehr des »verlorenen Sohnes«, das sie zum Empfang schlachten konnten. Aber trotz der schwierigen Zeit fehlte es ihnen nicht an einigen Leckerbissen für die Heimkehr ihres Sohnes.

Der vorübergehende Überfluss hatte seine Gründe: Die Roten Truppen rückten langsam, aber sicher auf Peking zu. Viele Missionare beeilten sich, die bedrohte Stadt zu verlassen, und brachten ihre Wintervorräte zu Kolls. Das war zwar gut gemeint, konnte aber auch zur Gefahr werden, wenn die »Volksbefreier« ihren Einzug hielten und diese Vorräte entdecken würden. Aber nun wussten sie, wohin mit dem Segen. Sie konnten mit Sheng An »essen und fröhlich sein« und einander ausführlich und manchmal unter Tränen ihre schönen und traurigen Erfahrungen austauschen.

Am 27. November 1948, fast drei Wochen nach seiner abenteuerlichen Flucht und Ankunft in Peking, schrieb er einen Brief an seine Verwandten in Wuppertal-Barmen:

»... Gott hat Eure und meine Gebete erhört. Am 20. November durfte ich meine lieben Eltern wiedersehen. Ich hätte nie gedacht, dass ich sie in meinem Leben noch einmal wiedersehen werde.

Im Gefängnis hatte ich meine Wiedersehensgedanken schon weggeworfen. Ich wartete nur auf den Tod und hatte mir vorgestellt, wie ich sterben musste, so wie die anderen, die vom Volk mit Messern zerhackt wurden oder an dem Galgen gehängt wurden.

Viele wurden an zwei Pferde gebunden und auseinander in zwei Stücke zerrissen. Die Roten sind sehr sparsam, die schießen nicht, das ist ihnen zu teuer.

Im Gefängnis ist kein schönes Leben, man darf sich nicht bewegen, darf auch nicht sprechen. Man darf nur stumm dasitzen.

Ich habe immer gebetet und in meinem Herzen gesungen. Dann habe ich still geweint und bereut, dass ich 18 Jahre lang das Evangelium gehört und nicht Buße getan habe.

Ich dachte daran, wie meine Mutti und mein Vater mich gewarnt hatten, dass ich, wenn ich nicht Buße tun würde, in die Hölle käme.

Jetzt weiß ich, dass die Hölle schlimmer ist als das Gefängnis. Da muss man immer leiden, wo der Wurm nicht stirbt und das Feuer nicht erlischt.

Im Gefängnis stirbt der Floh auch nicht, und die Läuse und die Wanzen auch nicht. Da sind so viele, dass man mit geschlossenen Augen eine Handvoll fangen kann. Viele Gefangene werden krank und sterben, manche werden auch totgehauen, weil sie gesprochen haben. Das war ein Elend. Aber so schlimm es auch war: Ich habe meinen Heiland nicht vergessen. Ich habe meine Sünden alle dem Herrn bekannt und zu ihm gefleht, und der Herr Jesus hat mich bewahrt, dass ich nach zwei Jahren glücklich freigelassen wurde.

Liebe Tante, im Gefängnis habe ich oft an Dich gedacht. Auch wie ich bei Dir Klavierspielen gelernt habe. Das waren schöne Zeiten, die werde ich nie vergessen. In dieser Welt werden wir uns kaum wiedersehen, aber im Himmel sehen wir uns bald wieder.

Jetzt bin ich in Peking bei Vater und Mutter. Ich bin 800 Kilometer gelaufen, um sie wiederzusehen. Unterwegs habe ich viele Erfahrungen gemacht. Ich habe nicht genug Papier, um sie Dir zu erzählen. Der Herr Jesus hat mir in allen Schwierigkeiten immer geholfen und mich bewahrt.

Ja, Gott ist allmächtig, der in aller Not helfen kann.

Ihm möchte ich immer treu bleiben und meine Zukunft in seine Hand legen ...«

Mit seinen Eltern besuchte nun Sheng An die Versammlung in der Kuan-Straße und wurde am 15. Januar 1949 mit dreiundachtzig weiteren Chinesen getauft, die sich – wie er selbst – »von den Götzenbildern zu dem lebendigen und wahren Gott« bekehrt hatten.

Viele Geschwister standen an seiner Seite und sangen ihm und den weiteren Täuflingen das Lied »Glauben und Gehorchen«:

Wenn ich mit dem Herrn gehe,
gehorsam und erleuchtet durch das Licht seines Wortes,
dann füllt er mir mein Herz mit Freude.
Ich will gerne mit denen unterwegs sein,
die auch glauben und gehorchen.

Es gibt keine Schatten und keine Wolken,
die sein Lächeln zudecken können,
kein Zweifel, keine Angst, keine Sorge,
auch keine Träne bleibt,
wenn ich glaube und gehorche.

Es gibt keine Last und kein Ungemach,
um das er sich nicht kümmert.
All unsere Schmerzen, Traurigkeit, Verlust und Pein
werden zum großen Segen,
wenn wir glauben und vertrauen.

Ich kann nicht begreifen, wie stark seine Liebe ist.
Was kann mich davon abhalten,
alles auf den Altar zu legen!
Denn die Lieder und die Freuden, die er schenkt,
sind für die, die glauben und gehorchen.

Dann werde ich ihn zu seinen Füßen loben und preisen.
Ich betrete den Weg des Herrn, wie immer er aussieht.
Wenn er gebietet, möchte ich seinen Willen erfüllen.
Wenn er mich sendet, dann gehe ich.
Fürchte dich nicht, glaube und vertraue nur.

Es war dieses Lied, das ihn auch in den kommenden schlimmen Jahren auf dem Weg des Glaubens und Gehorsams hielt. Er dachte auch in der jahrelangen Gefangenschaft daran, dass man nur durch Glauben und Gehorsam Gott gefallen kann.

ABSCHIED

Es war im Frühjahr 1949, am Vorabend der »Befreiung« durch Mao Tse-tung und seine »Rote Armee«. Viele Freunde und Bekannte schlugen Sheng Ans Pflegeeltern vor, mit ihm so schnell wie möglich Peking zu verlassen und nach Taiwan zu gehen, damit Sheng An nicht wieder erneut Probleme mit den Kommunisten bekommen würde.

Das war ein gut gemeinter Rat, aber die Eltern hatten eine andere Perspektive. Sie beteten und wünschten, dass Gott ihren Sohn als einen treuen Missionar in Festland-China gebrauchen möchte. Auch Sheng An selbst entschied sich zu bleiben. Er wollte den Weg des Glaubens und Gehorsams gehen, auch wenn ihn viele Schwierigkeiten erwarten würden.

Drei Jahre später, im Jahr 1952, wurden alle Ausländer nachdrücklich aufgefordert, China zu verlassen. Darunter waren auch Lili und Gustav Koll, die sich Ende November schweren Herzens auf die Heimreise nach Deutschland begeben mussten. An einem der letzten Abende vor der Ausreise betrat die Mutter das Zimmer Sheng Ans, der sich schon ins Bett gelegt hatte. Die Mutter kniete an seinem Bett nieder und betete. Natürlich stand Sheng An sofort auf. Sie fragte ihn:

»Sheng An, hast du mich lieb? Wirst du deine Mutter vergessen?«

»Mutter, ich habe dich lieb. Ich werde dich niemals vergessen!« Er stammelte unter Tränen diese Worte. Nein, er würde nie vergessen, wie seine Pflegemutter ihn auf ihren Schultern über den Fluss trug, als das Hochwasser kam. Wie oft hatte er sich bei Wind und Wetter an sie geschmiegt! Sie hatte ihm den Herrn Jesus lieb gemacht und versucht, ihn zu einem gottesfürchtigen Mann zu erziehen. Wie viele Lieder hatte sie ihm beigebracht und biblische Geschichten erzählt! Bei den vielen Gottesdiensten hatte er auf ihrem Schoß gesessen. Wie könnte er das alles vergessen?

Seine Mutter antwortete:

»Wenn du mich wirklich liebst, dann glaube fest an den Herrn Jesus. Falls wir uns auf dieser Erde nicht wiedersehen, werden wir eines Tages im Himmel beisammen sein. Nichts mehr kann uns dann trennen. Liebes Kind, bleibe Jesus treu! Wir werden uns spätestens im Himmel wiedersehen.«

»Mutter, du kannst beruhigt sein. Ich will den Herrn lieben. Wir werden wieder zusammenkommen.«

Sie umarmten sich und weinten, bis sie müde waren.

Am nächsten Morgen verließen sie ihren geliebten Sohn. Schweren Herzens warfen sie noch einmal einen Blick auf Sheng Ans Zimmer. Er durfte sie nicht begleiten, denn es standen Geheimpolizisten an der Tür. Sie würden sich auf Erden nicht mehr wiedersehen ...

TRENNUNG AUF LEBENSZEIT

Tatsächlich war es eine Trennung auf Lebenszeit. Sein Adoptivvater Gustav Koll starb bereits am 14. 4. 1957 in Deutschland und seine Frau Lili Koll etwa 25 Jahre später am 30. 6. 1982. Durch Umstände, von denen noch berichtet wird, konnten erst Mitte der 1980er-Jahre die ersten Kontakte zu ihm von den Freunden und Verwandten in Deutschland geknüpft werden. Daher müssen wir annehmen, dass seine Adoptiveltern nach ihrem Abschied in Peking kein Lebenszeichen mehr von Sheng An bekommen haben. Mit Sicherheit werden sie für ihn gebetet haben, aber welcher Segen von ihrem Findelkind in den späteren Jahren in China ausgegangen ist, haben sie zu Lebzeiten nicht erfahren.

Das sollte auch vielen Lesern dieser Lebensgeschichte ein Trost und eine Ermutigung sein, die ihr Leben in Kinder, Adoptivkinder, Pflegekinder oder auch in andere junge Menschen investiert haben. Vielleicht haben sie ähnlich wie das Ehepaar Koll die Frucht ihrer Mühe und Arbeit in ihrem Leben nicht erfahren. Doch es bleibt wahr: »Wer irgend eins von solchen Kindern aufnimmt in meinem Namen, nimmt mich auf« (Markus 9,37).

Erst die Ewigkeit wird deutlich machen, welch ein Segen von einer solchen selbstlosen Liebe ausgegangen ist.

DAS LEBEN GEHT WEITER

Sheng An wurde krank, nachdem seine Eltern ihn verlassen hatten. Viele Tage hatte er nicht gegessen und nicht getrunken. Er war wieder ein Waisenkind. Aber jetzt sorgte Gott auf andere Weise für ihn. In seiner extremen Traurigkeit besuchte ihn oft eine liebe, gottesfürchtige Frau namens Mu Anna, um ihn zu trösten. Er lernte mit der Zeit auch trotz seiner seelischen Schmerzen zu singen:

Jesus ist gestern, heute und derselbe in Ewigkeit.
Meine Eltern und Brüder sind nicht mehr bei mir.
Die Umgebung ändert sich, aber Jesus nicht.

Oft erinnerte er sich beim Bibellesen daran, wie einsam sein Herr Jesus auf der Erde gelebt hatte, und wurde dankbar, weil er wusste, dass Jesus mit ihm ging und bei ihm blieb, bis in Ewigkeit.

Ab 1953, nachdem seine Pflegeeltern und auch alle anderen Missionare China verlassen hatten, besuchte er jeden Sonntag die Gemeinde in der Shi-Gasse, wo der bekannte und unerschrockene Prediger Wang Ming-tao predigte. Dort lernte er auch eine junge Frau kennen, die dort regelmäßig die Gottesdienste besuchte. Auch sie war einsam, und Sheng An versuchte ihr zu helfen und sie zu ermutigen. So lernten sie sich besser kennen und entschlossen, ihren Weg gemeinsam mit dem Herrn zu gehen, und heirateten einander Ende des Jahres. Etwa ein Jahr später wurde ihre erste Tochter geboren.

Im Sommer 1955 wurde die Bewegung zur »Ausrottung der Gegenrevolutionäre« aktiv. Damals arbeitete Sheng An auf einem Bauplatz in Kuidi Shijiazhuang. Alle Mitarbeiter, die in Verdacht standen, heimlich gegen die kommunistische Revolution zu sein, wurden in verschiedene Gruppen eingeteilt und stark überwacht. Unter ihnen war auch Sheng An. Schon längere Zeit hatte ihn sein Arbeitgeber in Verdacht, weil er jeden Sonntag zum Gottesdienst ging. So wurden Sheng Ans familiäre Beziehungen genau untersucht und auch die Zeit, als er als Kind im »kapitalistischen Deutschland« war. Das wurde auch zum Hauptanklagepunkt in den kommenden Gerichtsverhandlungen.

Für alle Christen begann damals in China eine grausame Zeit der Verfolgung. Tausende von ihnen wurden von den Kommunisten geschlagen, gefoltert, ins Gefängnis geworfen oder auf der Stelle getötet. Schon der Besitz einer Bibel konnte Grund genug sein, erschossen zu werden. Allen Christen bot man die Möglichkeit an, durch ein Abschwören ihres Glaubens die Freiheit zu gewinnen.

Um den Druck zu vergrößern, führte die Regierung große öffentliche Schauprozesse durch, in der die Christen die Möglichkeit bekamen, andere Christen namentlich zu denunzieren, sie also wegen irgendwelcher Verbrechen oder religiöser Betätigung anzuklagen, um damit für sich selbst Vorteile zu bekommen.

Ein trauriges Beispiel für diese Art von beschämenden Denunziationen liefert die Geschichte des bekannten Predigers und Autors Watchman Nee, den Sheng An gut kannte und sehr schätzte.

Am 30. Januar 1956 fand in Shanghai die öffentliche Anklage gegen ihn statt. Als Raum wurde dafür ausgerechnet die große Versammlungshalle in der Nanyang-Straße benutzt, in welcher sich die »Kleine Herde« jahrelang versammelt und wo Watchman Nee oft gepredigt hatte. Vor 2500 Personen – fast alle Glieder der Gemeinde – wurde er angeklagt, ein »Laufhund« der Imperialisten und ein gesetzloser Kapitalist zu sein. Er habe unter dem Deckmantel der Religion eine gegenrevolutionäre Bewegung geplant und organisiert. Der Höhepunkt der Anklage war die Behauptung, Nee sein ein »liederlicher Vagabund« gewesen, der ein »zügelloses Leben« geführt habe, öfter Gast in Bordellen gewesen wäre und über hundert chinesische und ausländische Frauen verführt habe. Außerdem wurde ihm Spionage vorgeworfen.

Einige seiner früheren Anhänger und Mitglieder der »Kleinen Herde« versuchten sich bei der Partei in Gunst zu setzen, indem sie Nee beschuldigten, verräterische Absichten zu haben. Eine Frau beschrieb W. Nee als »antirevolutionären liederlichen Menschen und schamlosen Ehebrecher«. »Wir Frauen konnten ihn nur hassen.«

Die zahlreichen, unbegründeten Beschuldigungen waren in einer Anklageschrift von 2296 Seiten zusammengefasst. Abschließend wurde verkündigt, dass er von seiner eigenen Kirche exkommuniziert worden sei, und er wurde unter Anrechnung der vier Jahre Untersuchungshaft zu fünfzehn weiteren Jahren Gefängnis verurteilt »zur Umschulung durch Arbeit« – insgesamt also 19 Jahre.

Während W. Nee sich bereits seit 1952 vorübergehend in Untersuchungshaft befand und die anderen bekannten treuen Prediger des Evangeliums wie Allan Yuan, Wang Ming-tao und Samuel Lamb ähnlich lange Haftstrafen erwarteten, durchsuchte die Sicherheitspolizei Sheng Ans Wohnung und beschlagnahmte alle Bibeln und geistlichen Bücher. Er kam in Untersuchungshaft, aus der er im Januar 1956 vorläufig entlassen wurde. In den beiden folgenden Jahren wurde seine zweite Tochter Xiao-Ai und sein Sohn Xiaoqi geboren.

Im Juni 1958 wurde Sheng An unter Hausarrest gestellt, jeden Abend wurde er denunziert und verhört mit dem Ziel, dass er seine Sünde zugeben sollte. Schließlich wurde er zur Umerziehung in ein

Arbeitslager in Süd-Tianjin geschickt. Dort musste er mit den anderen Gefangenen von 7 Uhr bis 20 Uhr hart arbeiten. Anschließend mussten sie die Regierungsdokumente studieren und ihre Sünden auf Papier formulieren.

Zwei weitere »gläubige« Männer befanden sich im gleichen Arbeitslager, hatten aber ihren Glauben aufgegeben. Einer von ihnen, der in der gleichen Gemeinde wie Sheng An war, beschuldigte Sheng An vor allen Insassen, dass er mit Wang Ming-tao und Watchman Nee in Verbindung gestanden habe. Ein anderer zeigte ihn an, als er Sheng An singen hörte »Der Herr ist mein Hirte«, und riet ihm, dass er doch seine Fehler gestehen sollte. Er sollte bekennen, dass er früher getäuscht worden sei und sich nun verändern wolle, damit sein Fall nachsichtig behandelt werden würde.

SCHEIDUNG

An einem Tag im Winter 1961 rief einer der Abteilungsleiter Sheng An zu sich und teilte ihm mit, dass seine Frau an einer sehr schlimmen Krankheit leide und sich in einer lebensgefährlichen Situation befinde. Aus diesem Grund wurde ihm ein dreitägiger Urlaub gestattet, um seine Frau noch einmal zu besuchen.

Voller Sorge machte sich Sheng An sofort auf den Weg nach Peking in der Hoffnung, seine Frau noch lebend anzutreffen. Als er mit sorgenvollem Herzen seine Wohnung betrat, saß seine Frau mit den drei Kindern am Esstisch, und sie löffelten mit gesenktem Kopf ihre Nudelsuppe. Sie sahen ihn nicht an, als er hereinkam, und sprachen kein Wort mit ihm. Sie aßen weiter, ohne ihm etwas anzubieten.

Sheng An ahnte, dass hier etwas nicht stimmte, setzte sich und wartete, bis sie mit dem Essen fertig waren. Schließlich sah seine Frau auf und sagte: »Wir haben dich zurückgeholt, um mit dir über eine wichtige Sache zu sprechen. Wenn du mich und unsere Kinder liebst, dann sollten wir uns scheiden lassen. Wir sind es leid, ständig beleidigt zu werden, Angehörige eines Gegenrevolutionärs zu sein. Der Scheidungsrichter ist schon informiert und steht bereit.«

Sheng An war schockiert. Er war mit allen möglichen Sorgen und Befürchtungen angereist. Aber damit hatte er überhaupt nicht gerechnet. Was war mit seiner Frau und seinen Kindern geschehen? Ihm fehlten die Worte. Der Schmerz saß sehr tief, und er konnte nur zum Herrn flehen, dass er ihn bewahrte und das rechte Verhalten schenkte.

Bereits am nächsten Morgen gingen sie – mehr oder weniger wortlos – zum Scheidungsrichter, um die Formalitäten zu erledigen.

Vor dem Richter präsentierte die Frau ihre Scheidungsgründe so:

»Mein Mann ist ein Gegenrevolutionär. Obwohl die Regierung ihm die Chance gegeben hat, umerzogen zu werden, will er seine Fehler nicht korrigieren. Seit Langem hält er an seinen kontrarevolutionären Ideen fest. Ich möchte mich deutlich von ihm distanzieren.«

Der Richter fragte darauf Sheng An: »Was sagst du dazu?«

Er hatte seinen Kopf gesenkt und antwortete nicht. Dann wandte sich seine Frau ihm zu und sagte: »Wenn du auf deinen Glauben verzichtest, dann bin ich bereit, ein paar Jahre auf dich zu warten. Wir werden dann wieder eine Familie sein. Wenn nicht, dann nehmen die Kinder meinen Namen an und wir sehen uns nicht wieder.«

Sheng An sah seine drei minderjährigen Kinder an. Natürlich liebte er sie von ganzem Herzen. Aber dann erinnerte er sich an die Worte Jesu:

»Wenn jemand zu mir kommt und hasst nicht seinen Vater und seine Mutter und seine Frau und seine Kinder und seine Brüder und Schwestern, dazu aber auch sein eigenes Leben, so kann er nicht mein Jünger sein« (Lukas 14,26-27).

Auch wenn ihm das Herz sehr schwer war und er mit Wehmut an seine Frau und seine Kinder dachte, wusste er, was Gott von ihm erwartete. Er wollte seinen Glauben an den Herrn Jesus nicht um seiner Familie willen aufgeben und antwortete seiner Frau:

»Du brauchst nicht auf mich zu warten. Ich werde meinen Glauben nicht verleugnen, ich werde meinen Herrn nicht verlassen.«

Der Richter urteilte, dass die Anklage der Frau berechtigt war, und so wurde die Scheidung vollzogen. Sowohl seine drei Kinder als auch das wenige, was er an Eigentum besaß, gehörten nun seiner Frau.

Am Nachmittag holte er sich noch ein paar Fotos von seiner Familie und sein Tagebuch, in das er viele Bibelverse geschrieben hatte, und verließ seine Familie. Abends besuchte er noch seinen Schwiegervater, um sich zu verabschieden. Als die Schwester seiner Frau nach Hause kam und erfuhr, dass die Scheidung vollzogen war, war sie sehr empört. Sie erinnerte sich gut daran, wie Sheng An auch ihr selbst in Schwierigkeiten geholfen hatte, und erinnerte sich daran, dass die Ehe der beiden eigentlich doch recht harmonisch war. Sie hatte nie erlebt, dass die beiden sich gestritten hätten. Und so ging sie am nächsten Tag zu ihrer Schwester, um sie zur Rede zu stellen.

Aber Sheng An wartete nicht, bis sie zurückkehrte. Er verließ Peking und kehrte als einsamer Mann zum Arbeitslager in Tianjin zurück. Doch bei aller Not wusste er sich geborgen in Jesus, dessen Friede sein Herz erfüllte.

UMERZIEHUNG

Im Jahr 1968 musste das Arbeitslager umstrukturiert werden, und so mussten alle Gefangenen zum Umerziehungsteam in der Salzfabrik Nanbao in Tianjin deportiert werden.

Sheng An arbeitete hier unter dem Kommando eines Herrn Liu.

Eines Tages rief Herr Liu ihn zu sich und teilte ihm mit: »Hier ist ein Kollege von dir, der auch so starrköpfig ist wie du. Willst du ihn mal kennenlernen?«

Im Geheimen freute sich Sheng An, weil es an einem solchen Ort nicht so leicht war, einen gleichgesinnten Bruder zu treffen. Aber das konnte auch eine Falle sein, und so erbat er sich Weisheit von oben und sagte vorsichtig: »Ich weiß nicht so recht. Ich habe hier sonst keine Bekannten. Aber wenn Sie unbedingt wollen, dass ich diesen Mitgefangenen treffe, dann spricht nichts dagegen.«

Am nächsten Tag wurden sie zusammengeführt. Sie erkannten sich zunächst nicht. Während der Arbeit an einem Schützengraben fragte Sheng An ihn:

»Woher kommst du und wie heißt du?«

»Ich komme aus Guangping in Hebei und heiße Li Tianqiao. Und woher kommst du?«

»Ich komme auch aus Guangping und heiße Hu Meng-en. Aber – bist du nicht Meifang?«

Dass Sheng An seinen Zunamen genannt hatte, verwirrte Meifang total.

»Du bist ... ja, ich bin Meifang. Aber wer bist du denn wirklich?«

»Ich bin Sheng An!«

Jetzt fiel bei Meifang der Groschen. Eigentlich kannten sie sich noch aus ihren Kindheitstagen, als sie gemeinsam zur Sonntagschule gingen. Aber nach so vielen Jahren wussten sie natürlich nicht, wie sie jetzt zu ihrem Glauben standen. Um keine Fehler zu machen und nicht in eine Falle zu treten, waren sie sehr vorsichtig und tauschten sich nicht näher darüber aus. Allerdings sagte nach einer Zeit Herr Liu:

»Ihr beide seid unverbesserliche Dickköpfe, die an ihren gegenrevolutionären Standpunkten festhalten. Ihr beide seid Wang Ming-tao und Watchman Nee hörig und gehorsam!«

Nun waren beide überzeugt, dass der andere den Glauben nicht verleugnet hatte. Sie fanden bald Gelegenheit, sich unbeobachtet auszutauschen und gegenseitig zu stärken.

Später erfuhr Sheng An, dass sich auch eine Glaubensschwester im Arbeitslager befand. Mehrmals wurde sie brutal geprügelt, aber sie gab ihren Glauben nicht auf. Er dankte dem Herrn, dass es auch hier – wie im Buch der Könige – solche gab, die ihre Knie nicht vor dem Baal gebeugt hatten.

VERLEGUNG

Im Frühling 1970 verschlechterten sich die Beziehungen zwischen China und der Sowjetunion. Das hatte zur Folge, dass die Arbeitslager vom nördlichen Grenzgebiet ins Landesinnere verlegt wurden. Alle Sträflinge, deren Heimat auf dem Land war, wurden in die Nähe ihrer ländlichen Heimat verlegt, um nun dort umerzogen zu werden.

Für Sheng An war das keine Erleichterung – im Gegenteil. Er bekam noch weniger Freiheit, und er wurde in seinem Heimatdorf als gefährlicher Staatsfeind bezeichnet und als abschreckendes Beispiel dargestellt.

Seine leibliche Mutter hatte inzwischen ein hohes Alter erreicht, und seine Brüder hassten ihn. Jeder im Dorf verachtete ihn, und sie ließen das Sheng An schmerzlich fühlen. Damals bekam er als Tagesration nur eine kleine Portion zu essen. Er litt oft unter Hunger, und manchmal raufte er Pflanzenwurzeln aus der Ackererde, um seinen Hunger zu stillen.

Er wurde in der Nachtschicht eingesetzt. Dort musste er in seiner dünnen Kleidung den Weizen mit eiskaltem Wasser begießen. Er zitterte vor Kälte und suchte sich oft einen Ort zwischen zwei Grabhügeln, wo er etwas vor dem schneidenden Wind geschützt war. Dann schaute er zu den zahlreichen Sternen am Nachthimmel und betete zum himmlischen Vater um Hilfe und Bewahrung. In der Sommerperiode gab man ihm die Mittagsschicht, während der es am heißesten war. In solch schwierigen Situationen, wo ihm keiner in der Welt einen Funken Liebe zeigte, blickte er auf zu seinem Herrn und dankte ihm für seine große Liebe und dafür, dass Gott ihn trotz aller Demütigungen und Strapazen gesund erhalten hatte.

Die Dorfbewohner beriefen immer wieder Massenversammlungen ein, um Sheng An zu verleumden und zu verurteilen. Einmal wurde er auf ein Podest gestellt, und viele Schüler beteiligten sich daran, ihn zu beleidigen. Aber sein Neffe, der ihn liebte, beteiligte sich nicht daran und wurde deshalb von der Schule verwiesen.

1972 starb seine leibliche Mutter. Obwohl er keinen Cent besaß, zwangen ihn seine Brüder, Geld für die Beerdigung zu zahlen. So wurde er gezwungen, sein Blut im Krankenhaus zum Verkauf anzubieten. Aber niemand wollte das Blut eines Verbrechers kaufen. Schließlich gelang es ihm über einen Bekannten, einen Liter Blut zu verkaufen, und er bekam 18 Yuan dafür. Davon gab er seinem Bekannten zwei Yuan, und die übrigen 16 Yuan schickte er an seine Brüder für die Beerdigungskosten seiner Mutter.

Oft dachte Sheng An an die Verheißungen in der Bergpredigt, wo der Herr Jesus die Jünger aufforderte, sich nicht wegen Nahrung und Kleidung zu sorgen, weil der Vater im Himmel dafür Sorge trägt. Das wurde auch seine Erfahrung. Wenn er selbst keinen Ausweg sah, bahnte Jesus plötzlich einen Weg aus größter Not.

WIE GOTT VERSORGT

Es waren noch zwei Monate bis zur Erntezeit im Frühling. Sheng An hatte keinen Reis mehr und auch nichts anderes, was man essen konnte. Er konnte nur noch zum Herrn um Hilfe und Erbarmen bitten. Und Gott erhörte seine flehenden Gebete:

Eines Tages kam ein alter, weitläufiger Verwandter vom Markt zurück und rief Sheng An zu sich. Er berichtete ihm, dass er einen Bekannten von Sheng An getroffen habe, der sich nach seinem Wohlergehen erkundigt habe. Dieser Bekannte bat dann den Verwandten, Sheng An auszurichten, dass er ihn mit einem leeren Sack besuchen sollte. Aber Sheng An hatte nicht nach der Adresse seines Dorfes gefragt und dachte nicht mehr an die Sache.

Wenige Tage später traf Sheng An ihn selbst auf einem Markt und wurde natürlich gefragt, warum er ihn nicht besucht habe oder ob er die Nachricht gar nicht bekommen habe. Als Sheng An ihm antwortete, dass er vergessen hatte, die Adresse zu erfragen, bat ihn der Bekannte mit Nachdruck, ihn so schnell wie möglich zu besuchen. So machte sich Sheng An am folgenden Tag mit einem Sack auf den Weg. Als er am Eingang des Dorfes ankam, wartete dieser Mann bereits auf ihn. Er übernahm den Sack und bat ihn, vor dem Dorf auf ihn zu warten. Nach einigen Minuten kam er zurück mit dem gefüllten Sack auf den Schultern. Er hatte etwa 50 kg Getreide für ihn mitgebracht, und Sheng An war sprachlos, überglücklich und dankbar.

Später stellte Sheng An fest, dass dieser Mann ein hingegebener Bruder war, der selbst vor Jahren als Kuomintang Verfolgung vonseiten der Kommunisten erlebt hatte und jetzt die Gefahr nicht scheute, sich zu Sheng An zu stellen.

Als der Sommer kam, wurde Sheng An zu Bauarbeiten eingeteilt. Da er aber als Kleidung nur eine wattierte Jacke und Hose besaß, wurde es ihm bei der Arbeit so heiß, dass er seine Jacke auszog und nur in seiner Hose arbeitete. Damals konnte man Stoff mit Stofftickets kaufen, und er bekam ein Ticket für 4,5 Meter Stoff. Aber würde das reichen? Und wo und wie sollte er an den Stoff kommen?

Auf seiner Arbeitsstelle wurde sehr darauf geachtet, dass es keine Verzögerungen gab. Eines Tages suchte ihn eine Tante auf, und als sie sich versichert hatten, dass sie nicht beobachtet wurden, brachte sie Sheng An zu sich in die Wohnung und erzählte ihm, dass sie auf dem Markt war und dort von einer fremden Frau angesprochen wurde, ob sie Sheng An kennen würde. Als sie das bejahte, hätte sie ihr ein großes Stück wertvollen Stoff geben und sie gebeten, diesen Stoff Sheng An zu bringen.

Als Sheng An seine Tante fragte, wer denn diese Dame gewesen sei, konnte sie weder den Namen noch die Adresse nennen, sie war ihr völlig unbekannt.

Erst Jahre später, als Sheng An wieder frei war, erfuhr er, dass diese Frau eine treue Schwester war, die dieses Stück Stoff mit viel Liebe und Zeitaufwand selbst gewoben und es dem Herrn geweiht hat. Der Herr hätte ihr deutlich gemacht, dass dieser Stoff für Sheng An bestimmt sei – obwohl sie sich nicht kannten.

Zahlreiche andere kleine Wunder erlebte Sheng An in der Zeit der Zwangsarbeit. Einmal lagen vor seiner Tür am frühen Morgen ein paar Melonen, oder ein Bruder brachte eine Tasche voll Dampfnudeln. Das war ihm jedes Mal ein ermutigender Liebesbeweis Gottes, besonders in Zeiten großer Bedrängnis.

»Junge Löwen leiden Not und Hunger; aber die den Herrn suchen, müssen nichts Gutes entbehren« (Psalm 34,11).

Aber das, was Sheng An am meisten traurig machte, war die Tatsache, dass er nun schon viele Jahre keine Bibel mehr besaß. Er hatte nur das erwähnte Tagebuch, in dem einige Bibelverse aufgeschrieben waren. Er betete anhaltend zum Herrn, dass er ihm doch diese Bitte nach einer Bibel erhören möchte, und Gott erhörte auch dieses Gebet:

In einer Nacht besuchte ihn heimlich ein Herr Li aus dem Dorf. Sein Vater lag auf dem Sterbebett und rief immer wieder nach

Sheng An. Er möge doch bitte mit ihm zu seinem Vater gehen, um ihm diese Bitte zu erfüllen. Natürlich ging Sheng An mit ihm. Dieser alte Mann glaubte an den Herrn Jesus. Als sie in das Zimmer traten, lag der Sterbende auf einer Schlafbank aus Erde. Seine Kinder umgaben ihn. Sheng An nahm die Hände des alten Mannes und betete mit ihm, dass Gott ihn beschützen und bewahren möchte.

Danach sagte der Alte mit letzter Kraft: »Sheng An, es ist an der Zeit, dass ich zum Herrn gehe. Ich habe nichts, was ich dir geben kann, außer einer Bibel.«

Dann zog er unter seiner Decke ein in vier Teile zerlegtes Neues Testament hervor. Damals besuchten die Polizisten verdächtige Personen und untersuchten ihre Wohnungen. Um das Neue Testament vor dem Zugriff zu schützen, hatte der alte Mann es in die vier Teile zerlegt und versteckt. Obwohl diese Teile völlig zerlesen und zerfetzt waren, war das für Sheng An ein unermesslich großer Schatz. Bevor er das Sterbezimmer verließ, sagte der alte Bruder: »Ich sehe den Himmel geöffnet«, wobei sein Gesicht vor Freude strahlte.

Am nächsten Morgen erfuhr Sheng An, dass dieser Bruder heimgegangen war.

Zu dieser Zeit hatte Sheng An zwar keine Freiheit und musste ständig die Mütze eines Gegenrevolutionärs auf dem Kopf tragen, damit er schon von Weitem als ein gefährlicher Gegner der Kommunisten erkannt würde. Aber auch diese Schande hinderte ihn nicht daran, regelmäßig eine Versammlung von Christen zu besuchen, die aus fünf Personen bestand. Sie trafen sich in der Wohnung der Mutter eines Dorfkaders. Dort lasen sie gemeinsam in der Bibel und sangen leise einige Loblieder, beteten und wussten, dass der Herr Jesus nach Matthäus 18,20 mitten unter ihnen war.

REHABILITIERUNG

Im Jahr 1978 veränderten sich in China die Machtverhältnisse. Die grausame Kulturrevolution mit Millionen von hingemordeten Menschen lag hinter ihnen. Mao Tse-tung war gestorben, und es begann die Ära Deng Xiaoping, welche große Veränderungen im Bereich der Ideologie, Politik und Wirtschaft einleitete.

So geschah es, dass das Amt für innere Sicherheit in Tianjin einen Brief verfasste, um die Rehabilitation Sheng Ans zu proklamieren. Beamte aus Guangping suchten Sheng An auf, um ihm feierlich die Mütze des Gegenrevolutionärs vom Kopf zu nehmen. Alle Beschuldigungen gegen ihn wurden zurückgenommen mit der einen Ausnahme, dass er sich nicht der vom Staat kontrollierten »Drei-Selbst-Kirche« unterstellt hatte. Sogar sein ehemaliger Arbeitgeber von vor fast 20 Jahren war bereit, ihn wieder einzustellen.

Doch Sheng An sagte ihm ab. Ihm war klar geworden, dass er die letzten Jahre seines Lebens, die er nun in relativer Freiheit verbringen durfte, dem Herrn weihen sollte, um das Evangelium, wo immer es möglich war, zu verkündigen. So gestattete ihm seine ehemalige Firma, in den Ruhestand zu treten, und gewährte ihm eine monatliche Rente von 28 Yuan, umgerechnet etwa 300 Euro.

Nun befand sich Sheng An wieder auf freiem Fuß und konnte sich endlich ohne Beschränkungen vonseiten der Dorfbewohner und des Amtes für innere Sicherheit frei bewegen. Zu dieser Zeit kam auch ein ehemaliger Schulkamerad auf ihn zu und bot ihm an, auf einer Mittelschule in der Kreisstadt Englisch zu unterrichten. Wenn er bereit wäre, könnte er einen Monatslohn von 60 Yuan erhalten, was damals eine recht stattliche Summe war. Er hätte dann ein monatliches Einkommen von insgesamt fast 90 Yuan bekommen, was nicht einmal der Sekretär des Kreisparteikomitees erhielt.

Er erbat sich einige Tage Bedenkzeit und hatte darauf eines Nachts einen schrecklichen Traum:

Im Traum sah er seinen sehr vermissten Pflegevater, lief freudig auf ihn zu und wollte ihn umarmen. In diesem Augenblick kam aber plötzlich der Bruder, der Sheng An getauft hatte, hielt ihn fest und zog ihn zur Straßenecke und sagte ihm sehr ernst und deutlich: »Sheng An, die Zeit ist nahe, unser Herr Jesus kommt bald. Willst du noch an der Welt hängen?« Danach verschwand er, und Sheng An brach in ein lautes Geheul aus, bis sein Neffe, der neben ihm schlief, wach wurde. Dieser stieß Sheng An an, der in kalten Schweiß gebadet war und gleich aufstand und dem Herrn seine Sünde bekannte und um Vergebung bat.

Nun stand sein Entschluss fest: Er wollte den Rest seines Lebens dem Herrn weihen und ein brauchbarer, gottgefälliger Diener werden, der sein Leben ganz ihm übergibt.

Er dachte zurück und erinnerte sich daran, wie der Herr ihn in den vergangenen 20 Jahren Schutz geboten hatte, als er oft keinen Ausweg sah. Als einmal alle Insassen des Arbeitslagers in Tianjin an Wassersucht litten, blieb er gesund. Immer wieder hatten Geschwister ihm in aussichtslosen Situationen geholfen, oft solche, die ihm völlig unbekannt waren. Und jetzt, wo er wieder in Freiheit leben konnte, sollte er da nicht für diesen treuen und gütigen Gott leben?

Mit großer Dankbarkeit floss ihm das Lied über die Lippen »Wie lohnend, dem Herrn zu dienen!«:

Wie lohnend, dem Herrn zu dienen!
Die Routine der Welt ist Nichtigkeit,
nur dem Herrn zu dienen, ist nicht vergeblich,
Frucht bringen allein zu seiner Ehre!

Wie lohnend, dem Herrn zu dienen!
Jesus erfüllt meine Bedürfnisse.
Ich will nicht Gott dienen und dem Mammon,
wodurch meine Liebe zum Herrn schwinden würde.

Wie lohnend, dem Herrn zu dienen!
Ich klage nicht, wenn ich um Jesu willen leide.
Manchmal gehe ich durch tiefe, dunkle Täler,
doch gerade dort erlebe ich die Gnade des Herrn.

So soll es sein. Alles in der Welt ist Nichtigkeit. Nur dem Herrn zu dienen, lohnt sich wirklich. Welche Vergnügungen dieser Welt könnten mit den Freunden in der Ewigkeit verglichen werden? Sheng An war bereit, allen Genuss, Reichtum und Ehre aufzugeben, um den Weg des Verzichts und der Nachfolge auf sich zu nehmen. Den Weg des Kreuzes und der Leiden, aber auch des Segens und der Freude.

Das Angebot der Schule lehnte er ab.

Von nun an wurde Sheng An nicht mehr bewacht. Als Wiedergutmachung bekam er von den Behörden einen Niederlassungszuschuss von 90 Yuan. Mithilfe von Geschwistern baute er sich damit zwei Zimmer. Jetzt musste er nicht mehr mit anderen auf einem Zimmer wohnen. Er war sehr zufrieden mit dieser neuen Situation und dankte dem Herrn.

Manche hielten ihn für einen Dummkopf, weil er die Möglichkeit ausgeschlagen hatte, viel Geld zu verdienen. Andere rieten ihm zu heiraten, und einige Bekannte machten sogar Versuche, ihm eine Partnerin zu vermitteln, und stellten ihm eine Lehrerin vor. Aber er lehnte alle gut gemeinten Vorschläge dankend ab. Er wollte dem Herrn gefallen. Alles andere betrachtete er als nebensächlich und nutzlos. An einer auffälligen Stelle an der Wand seines Zimmers konnte man einen Liedvers in großer Schrift lesen:

»Ich fürchte keine Einsamkeit und Armut,
ich strebe nicht nach Erfolg und Ehre,
weil mein Herz sich nach dem Herrn sehnt.
Ich möchte ihm treu folgen,
bis zum Ziel, am Ende meines Lebens.

Ab 1977 gab es von der Regierung einige Erleichterungen für den christlichen Glauben. Am 9. April wurde die »Ningbo-Kirche« als erste christliche Kirche nach der Kulturrevolution geöffnet. Aber auf dem Land gab es nur halb geöffnete, geduldete Untergrundgemeinden, wenn die Zahl der Besucher nicht zu groß wurde.

UNTERWEGS FÜR DEN HERRN

Sheng An konnte die Versammlung an Weihnachten, dem 25.12.1978, nie vergessen. Über 30 Jahre hatte es dort keine Zusammenkünfte mehr gegeben. Als er erfuhr, dass es im Dorf Hou im Landkreis Quzhou eine christliche Gemeinschaft gab, fuhr er vor Anbruch des Tages mit zwei Brüdern auf Fahrrädern dorthin. In der Nacht vorher hatte es geschneit, und die Wege waren schlecht und schwer befahrbar. Oft mussten sie ihre Fahrräder schieben. Doch konnten sie mit Gottes Hilfe ihr Reiseziel nach weit über 100 Kilometern heil und gesund erreichen.

Sie hielten vor dem Dorf an, denn sie wussten nicht, wo sich die Straße war, in der die Versammlung stattfand. Das Dorf war recht groß und Standort der Kreisregierung. So benötigten sie besondere Weisheit, denn sie durften nicht leichtsinnig irgendwelche Leute nach dem Weg fragen. Deswegen baten sie den Herrn um Führung.

In diesem Moment näherte sich eine Frau und ging an ihnen vorüber ins Dorf. Sie folgten unauffällig ihren Spuren. Aber es dauerte nicht lange, bis die Frau merkte, dass Leute heimlich hinter ihr hergingen. Sie rannte, so schnell sie konnte, in eine Seitengasse und verschwand. Die drei folgten weiter ihren Schritten und kamen an eine Tür, worauf stand: »Gott liebt die Welt.« Sie klopften leise an die Tür, und eine Schwester öffnete und fragte, wen sie suchten. Sie erzählten ihr, dass sie aus Guangping gekommen wären, um hier die Gemeinschaft zu suchen. Diese Schwester ließ sie herein und verschloss sehr schnell die Tür hinter ihnen.

Als sie eintraten, sahen sie ein Zimmer voll mit Leuten. Auf der aus Ziegeln gemauerten und beheizbaren Schlafbank saßen sieben

Schwestern. Auf dem Boden knieten drei Brüder, die inständig beteten. Dann las ein älterer Bruder die Geschichte aus Matthäus 2, wo die Sternkundigen den neugeborenen König Israels suchten. Es gab nicht viele Worte, aber ihre Herzen brannten. Weinend sangen sie Lieder, und das ganze Zimmer war von Freude und Anbetung erfüllt.

Nach der Versammlung – Sheng An und seine Freunde wollten schon nach Hause radeln – wurden sie von den Geschwistern zum Mittagessen eingeladen. Bevor sie sich danach verabschiedeten, bekam jeder von ihnen eine Handvoll Erdnüsse und drei Bonbons.

Es war bereits 22 Uhr, als sie wieder zu Hause ankamen. Sheng An zerschlug das Eis in einer tönernen Wassertonne und schöpfte sich eine Kanne kaltes Wasser. Nachdem er seinen Durst gelöscht und die Bibel gelesen hatte, ging er zu Bett.

Diese Gemeinschaft mit den Geschwistern war für Sheng An sein Leben lang unvergesslich. Über 30 Jahre lang hatten sich die Geschwister nicht versammeln können, und nun durfte sich das Leben wieder neu entfalten.

Die drei Bonbons, die Sheng An dort erhalten hatte, legte er in eine Schublade. Jedes Mal, wenn er sie sah, kamen ihm Tränen in die Augen und er pries den Herrn für seine Güte.

Das tat er, bis sich die Bonbons aufgelöst hatten.

Ein Jahr später konnte man auch in Guangping wieder Weihnachten feiern. Dort war man nur mit zehn Geschwistern zusammen. Auch wenn die Regierung Weihnachten für einen von Menschen erfundenen Feiertag hielten, nutzten die Christen den von der Regierung anerkannten Festtag als eine Gelegenheit, das Evangelium zu verkündigen.

Leider waren seine Familienangehörigen alle Heiden. Er betete inständig für seine Neffen, Nichten und die ganze Familie, und bis 1980 kamen einige von ihnen zum lebendigen Glauben.

Aber es gab auch Tage, an denen er sich sehr einsam und manchmal auch nutzlos fühlte. Manchmal erinnerte und tröstete er sich mit dem Lied:

Muss ich gehn mit leeren Händen,
so vor meinem Herrn zu stehn?
Kann ich keine Seel ihm bringen,
keine einz'ge Garbe sehn?

Jesus hat mich ja erlöset,
mich schreckt nicht die Todesnacht;
aber leer vor ihm erscheinen,
das ist's, was mich traurig macht.

Kehrten die verlor'nen Jahre
nur noch einmal mir zurück.
Für den Heiland froh zu wirken,
wäre dann mein ganzes Glück.

Oh, ihr Christen, wirket emsig,
wirket, weil der Tag noch winkt!
Werbet Seelen für den Heiland,
eh' auch euch die Sonne sinkt!

WIEDERSEHEN NACH 20 JAHREN

Damals waren die Hausversammlungen illegal, und sie fanden teilweise heimlich statt, wobei die Situation von Dorf zu Dorf sehr unterschiedlich sein konnte. Wo immer Sheng An konnte, nahm er an den Versammlungen teil. Oft, wenn er das Evangelium verkündigte, dachte er an seine drei Kinder in Peking. Seit etwa 20 Jahren hatte er sie nicht mehr gesehen und auch nichts von ihnen gehört. Wie sahen sie nun aus? Was war aus ihnen geworden? Sind sie inzwischen auch gläubig geworden? Diese Fragen bewegten ihn sehr, denn er vermisste sie sehr. Täglich betete er für sie. Oft dachte er daran: Wenn der Herr jetzt wiederkommen würde und er hätte ihnen bis dahin nicht das Evangelium verkündigt – wie könnte er dem Herrn darüber Rechenschaft ablegen?

An einem Tag im Frühling 1980 schickte er einen Brief nach Peking an die alte Adresse seiner Familie und an den Namen Hu-Zhong-Ai. Er wusste nicht, dass seine Frau ihren Kindern erzählt hatte, ihr Vater sei gestorben. Vor 20 Jahren wurde ihr alles Vermögen zugesprochen, und inzwischen hatte sie auch wieder geheiratet. Die Kinder hielten ihren Stiefvater für ihren richtigen Vater.

Der Postzusteller war dabei, das Haus zu verlassen, weil der Brief nicht angenommen wurde, als eine Nachbarin die Tür öffnete, die um die Vergangenheit der Familie wusste. Sie sagte dem Postboten: »Gib mir den Brief, ich leite ihn weiter!«

Als Sheng Ans Tochter Xiao-Ai nach der Arbeit nach Hause kam, gab ihr die Nachbarin den Brief von ihrem Vater. Xiao-Ai konnte es gar nicht glauben, dass ihr Vater noch lebte. Sie dachte, dass irgendwelche Gauner dahinterstecken könnten, die durch Druck und Drohungen Geld von ihr erpressen wollten.

Sie antwortete mit einem Brief an den Absender in Guangping in ziemlich deutlichen, ablehnenden Worten. Sheng An erkannte in dem Brief, dass seine Tochter ihm nicht glaubte, und schickte ihr postwendend ein Familienfoto zu, auf dem sie noch sehr jung war. Dieses Foto überzeugte die Tochter und öffnete ihr die Augen für die Tatsache, dass ihre Mutter sie jahrelang belogen hatte.

Vor ihrer Mutter hatte sie die Briefe verheimlicht und reiste während der Maifeiertage nach Guangping, um ihren Vater aufzusuchen, ohne ihrer Mutter etwas davon zu sagen. Sheng An holte sie mit seinem Neffen am Bahnhof ab. Aber er hatte keine Vorstellung davon, wie sie nach 20 Jahren aussehen könnte. Gegen 10 Uhr, als der Zug ankam, blickte Sheng An sehnsuchtsvoll und sehr gespannt auf den Menschenstrom, der ihm entgegenkam. Ein Passagier nach dem anderen verließ den Zug in großer Eile. Ziemlich zum Schluss stieg eine junge Frau aus, die ungefähr Mitte 20 Jahre alt war und sich suchend umschaute. Sheng An vermutete, dass es seine Tochter sein könnte, wagte es aber nicht, sie leichtfertig zu begrüßen. Damals war sie noch ein kleines Kind, und jetzt stand vor ihm eine erwachsene Frau. Schließlich ging er auf sie zu, verbeugte sich vor ihr und fragte höflich: »Fräulein, darf ich fragen, wo Sie herkommen? Wohin gehen Sie und wen suchen Sie?«

»Aus Peking komme ich und möchte nach Guangping, um einen Herrn Hu zu besuchen«, erwiderte sie und zog den Brief von Sheng An aus ihrer Tasche.

Tränen der Freude liefen ihm über die Wangen, und Sheng An fragte: »Bist du Xiao-Ai?« Nun weinte auch seine Tochter und hörte seine Worte: »Mein Kind, jetzt gehen wir nach Hause!«

Am selben Abend lieh sich Sheng An von einem Nachbarn einen Holztürflügel, um darauf zu schlafen, denn er hatte nur ein Bett, und darauf sollte seine Tochter übernachten.

Am Tag nach ihrer Ankunft lud er seine Tochter ein, mit zur Versammlung zu kommen. Sie zeigte aber kein Interesse und erwiderte: »Das ist Aberglaube. Weil du an Jesus glaubst, bist du in diese Situation gekommen. Ich glaube nicht an Jesus, aber mir geht es gut. Wenn du damals nicht an Jesus geglaubt hättest, wäre unsere Familie nicht so kaputtgegangen.«

Sheng An war traurig, als er das hörte. Aber er lud sie zu einer herzensguten Schwester im Dorf ein. Damit war sie einverstanden und lernte bei dieser Gelegenheit auch weitere Schwestern kennen, die sich alle über Sheng An und seine Tochter freuten und Gott für das Wiedersehen nach so vielen Jahren dankten. Vor dem Abschied sangen und lasen sie noch einige Verse aus der Bibel.

Bald musste seine Tochter wieder zurück nach Peking reisen. Am Abend vor ihrer Abreise sagte sie: »Papa, ich habe nie bei dir gelebt. Hast du mal Zeit, dass wir uns ausführlich unterhalten können?« Darauf sprachen sie miteinander bis Mitternacht. Xiao-Ai meinte: »Die Lieder, die ihr heute gesungen habt, sind mir völlig unverständlich. Kannst du sie mir erklären?«

Natürlich freute sich Sheng An sehr, dass er nun Gelegenheit hatte, seiner Tochter das Evangelium zu bezeugen. So kam es, dass sie bis kurz vor Tagesanbruch miteinander reden konnten.

Am Morgen brachte Sheng An seine Tochter zur Überlandbus-Station. Auch einige der Christen kamen und gaben ihr einige Lebensmittel mit auf den Weg, was sie sehr verwunderte und nachdenklich machte.

Xiao-Ai lernte nun die Liebe von Christen ganz persönlich kennen, die so ganz anders war als das, was sie bisher in der Welt kennengelernt hatte. Und ihr Vater war unendlich dankbar, dass Gott ihm die Gelegenheit geschenkt hatte, ihr das Evangelium bezeugen zu können.

Ein Jahr später kamen auch seine älteste Tochter und der Sohn nach Guangping, um Sheng An zu besuchen. Sie bleiben eine Woche lang bei ihm, und Sheng An war dankbar, dass er sie endlich näher kennenlernen und auch ihnen das Evangelium erklären konnte.

Da die Kinder aber nicht bei ihm und mit ihm aufgewachsen waren, blieb die Beziehung zu ihnen zunächst ziemlich distanziert. Aber Sheng An betete weiter für sie.

FRÜHLINGSERWACHEN UND MÜDE BEINE

Die Jahrzehnte der Repressionen und Verfolgungen waren Vergangenheit. Der verdorrte Baum begann wieder zu grünen. In kurzer Zeit begannen die Gemeinden wieder zu wachsen, und die Anzahl der Gläubigen vergrößerte sich rasant.

Die Gemeinde in Guangping vergrößerte sich innerhalb weniger Monate von 10 auf 60 Geschwister. Sheng An nutzte die Zeit und Gelegenheit, um in der näheren Umgebung das Evangelium zu verkündigen. Wegen der ungünstigen Verkehrslage musste er zu Fuß gehen. Wenn der Weg zu weit war, lieh ihm ein Nachbar sein Fahrrad aus. Da das aber auf Dauer keine gute Lösung war und der Nachbar auch etwas unwillig wurde, wenn er sich das Rad zu oft auslieh, betete er, dass der Herr ihm doch ein Fahrrad schenken möchte.

Bekannte im Dorf rieten ihm, doch ein gebrauchtes Fahrrad zu kaufen. Er betete darüber, fand aber keinen Frieden bei diesem Gedanken. Seine Nichte schlug ihm vor, gemeinsam mit ihm ein Fahrrad zu kaufen. Wenn er weite Entfernungen fahren müsste, dann sollte er das Fahrrad gebrauchen. Wenn er zu Hause blieb, dann wollte sie es benutzen. Doch Sheng An empfand, dass auch das nicht der Wille des Herrn sein könnte.

Schließlich brachte eine alte Schwester die gute Nachricht, dass ein ebenfalls alter Bruder etwa 30 Kilometer von Guangping entfernt ihm ein altes, aber brauchbares Fahrrad zur Verfügung stellen wollte. So sorgte der Herr dafür, dass Sheng An ein Fahrrad bekam und er ohne Probleme und zu jeder Zeit Besuche in der Umgebung machen konnte.

FALSCHE BRÜDER

Dadurch, dass er nun ein Fahrzeug besaß, vergrößerte sich sein Radius im Norden bis nach Baoding, Shijiazhuang und Hebei. Im Süden erreichte er Orte bis zum Unterlauf des Gelben Flusses.

Die Türen der Gemeinden standen nun offen, und Sheng An war die Freiheit geschenkt. Die Zahl der Gläubigen nahm beständig zu, was aber nicht bedeutete, dass Sheng An keine Probleme mehr hatte. Es warteten weitere, ganz andere Verfolgungen oder Verrat durch falsche Brüder auf ihn.

Einmal fuhr Sheng An mit einem weiteren Bruder zu einer Gemeinde nach Anyang in der Provinz Henan. Unterwegs baten ihn die Geschwister vom Jüji-Dorf flehentlich, einen Tag lang Versammlungen bei ihnen zu halten. Sie sagten zu und begannen gleich in der Gemeinschaft zu predigen. Am Vormittag predigte Bruder Lü, und als seine Predigt zu Ende war, hatten die Schwestern bereits das Mittagessen zubereitet. Als sie sich zu Tisch gesetzt hatten, kam plötzlich ein Pastor der lokalen Drei-Selbst-Kirche und bat sie sehr eindringlich, zum Mittagessen bei ihm zu Gast zu sein. Das gefiel ihnen gar nicht. Aber der Pastor drang so stark auf sie ein, dass sie schließlich mit ihm gingen.

Er wohnte weit im Süden des Dorfes. Als sie bei ihm ankamen, merkten sie, dass dieser Mann eigentlich gar keine Mahlzeit für sie zubereitet hatte. Erst jetzt kaufte er etwas ein und begann zu kochen. Nach dem Essen wollten Sheng An und Bruder Lü zurückgehen, weil die Gemeinde am Nachmittag auf weitere Predigten wartete. Doch ihr Gastgeber nötigte sie, unbedingt auf ihn zu warten, bis er sein Geschirr gespült und aufgeräumt habe.

Diesen Kompromiss wollten die beiden Brüder aber nicht eingehen und gingen zurück zur Gemeinde. Als sie dort ankamen, merkten sie, dass sich in der Zwischenzeit einige merkwürdige Ereignisse abgespielt hatten. Zwei Geschwister baten sie dringend, so schnell wie möglich das Dorf zu verlassen. So stiegen die beiden auf ihre Räder und machten sich eilig davon. Eigentlich hatten sie die Absicht, nach Westen zu fahren. Aber Gott mahnte sie, nach Süden oder Südosten zu fahren, und so machten sie sich auf den Weg nach Süden und kamen ziemlich erschöpft nach Anyang.

Nachdem sie sich dort einige Tage aufgehalten hatten, machten sie sich wieder auf den Rückweg und kamen in das Dorf, aus dem sie geflohen waren. Inzwischen war es schon dunkel geworden, und so nahmen sie dankbar die Einladung einer Schwester zum Abendessen an. Während der Mahlzeit erzählte die Schwester, was an dem besagten Tag weiter geschehen war:

Der Pastor der Drei-Selbst-Kirche hatte dem Amt für innere Sicherheit die illegale Versammlung mitgeteilt. Da die Behörde aber am Vormittag keine Zeit hatte einzugreifen, hatte das Amt den Pastor beauftragt, die beiden Verkündiger aufzuhalten. Ein paar Minuten nachdem die beiden Brüder sich auf ihr Fahrrad geschwungen hatten und geflohen waren, trafen die Polizisten ein und suchten die Flüchtigen. Da sie aber die beiden nicht fanden, eilten sie in westlicher Richtung weiter, aber erfolglos. Der Pastor bekam daraufhin einen strengen Tadel.

Es war eine traurige Erfahrung, dass zeitweise der größte Widerstand nicht von staatlicher Seite, sondern von solchen Pastoren oder Gemeindeleitern ausging, die sich in den staatlich registrierten Kirchen befanden. Entweder hatten sie eine liberale oder angepasste Haltung, oder es waren abgefallene »Christen«, die ihre Brüder verrieten.

Unter den zahlreichen Neubekehrten waren viele junge Geschwister, die geistliches Wachstum benötigten. Daher hatten Brüder wie Sheng An und viele weitere hingegebene Brüder eine Menge Arbeit. Während Sheng An dem Herrn für die wachsende Anzahl von Gläubigen dankte, versuchte er den Willen des Herrn zu erkennen, wo er das Evangelium verkündigen oder aber Bibelkurse und Vorträge zum Wachstum der jungen Christen halten sollte.

Eines Tages reiste er mit einem älteren Bruder namens Li Deen zu einem Dorf im Landkreis Qingfeng in der Provinz Henan, um einen Bibelkurs durchzuführen. Am Ende des Monats, kurz vor dem Abschluss, kamen Sicherheitsoffiziere und fragten, woher sie kamen. Sie verlangten ihre Ausweise und tadelten sie, dass sie sich gegen die staatlichen Gesetze illegal versammelten und das sogar stadt- und provinzüberschreitend. Sie wurden zum Einwohnerkomitee gebracht und ausgefragt, bis es dunkel wurde. Alle Kurs-Teilnehmer waren schon weg, als die beiden Brüder zurückkamen. Die Offiziere sagten: »Wir sehen uns dann morgen wieder!«

In der Nacht beteten sie inständig um eine klare Wegweisung, und der Herr legte es ihnen aufs Herz, unverzüglich das Dorf zu verlassen, weil sie sonst am nächsten Tag mit der Verhaftung rechnen mussten. So verließen sie das Dorf noch vor Tagesanbruch.

Es war nicht so, dass sie völlig furchtlos waren. Aber ihr Wunsch war, dem Herrn zu dienen und auf ihn zu vertrauen, auch wenn sie die Anfechtungen von Angst und Kleinglaube nur zu gut kannten.

Aber es kamen auch ganz andere Probleme auf sie zu, wenn sie Gemeinden besuchten, die sich unter dem Einfluss gewisser fragwürdiger Lehren oder Traditionen geistlich verirrt hatten. So erlebten sie in einer Gemeinde, dass vor der Predigt die Gläubigen von den Ältesten aufgefordert wurden, ein Zeugnis zu geben. Hier war es Sitte, dass während der Zeugnisse Geld eingesammelt wurde. Die Länge des Zeugnisses bestimmte dann die Summe des Opfers, das eingelegt wurde. Manche gaben dann 1 Yuan, andere nur 0,5 Yuan.

In dieser Gegend war das Verhalten der Gläubigen oft sehr kindisch und unbefestigt.

An anderen Orten wurden die Gläubigen von ihren Führern angewiesen, in Richtung Westen zu beten, weil Jerusalem im Westen liegt. Wahrscheinlich hatten diese Männer Daniel 6,11 sehr eigenwillig interpretiert. Andere beteten auf den Knien in Richtung eines aufgestellten Kreuzes und meinten, damit Gott zu ehren.

Wenn dann aber Sheng An und Bruder Li ihnen das Wort Gottes auslegten und verständlich machten, war das für sie eine große Freude und Hilfe, geistliche Wahrheiten zu verstehen. Jedes Mal nahmen die Geschwister schweren Herzens Abschied, wenn die beiden Brüder weiterreisen mussten. Gleichzeitig waren die Führer dieser Gemeinden nicht selten beleidigt, weil ihre Einkommensquelle knapper ausgefallen war.

1981 wurde in Daili, Kreis Pingxiang, ein intensiver Bibelkurs gestartet, der einen Monat dauerte. Neben Sheng An und Li Deen unterrichteten noch zwei weitere Brüder etwa 30 Teilnehmer. Am letzten Freitag verließen die beiden anderen Bibellehrer aus persönlichen Gründen das Dorf. Am Samstag gingen die Schüler nach Hause und nur Bruder Li und Sheng An blieben für die Gottesdienste am Sonntag zurück. Am Vormittag predigte Bruder Li, und am Nachmittag sollte Sheng An das Wort Gottes verkündigen. Aber nach dem Mittagessen wurde Sheng An innerlich sehr unruhig, und er bekam den starken Eindruck, er sollte so schnell wie möglich aufbrechen und den Ort verlassen. Er besprach das mit den Geschwistern, verabschiedete sich und radelte so schnell wie möglich die etwa 100 Kilometer nach Hause. Erst gegen Abend kam er dort an.

Vor Tagesanbruch am folgenden Tag riegelten die Sicherheitsbeamten den Ort ab, in dem der Bibelkurs stattgefunden hatte, um die Brüder zu verhaften. Aber sie fanden in dem Versammlungshaus außer ein paar leeren Bänken niemanden vor. Es war, wie es David in Psalm 124,6-8 erfahren und beschrieben hat:

»Gepriesen sei der Herr, der uns nicht zum Raub gab ihren Zähnen! Unsere Seele ist entkommen wie ein Vogel aus der Schlinge der Vogelfänger; die Schlinge ist zerrissen, und wir sind entkommen.«

Aber es gab auch andere Erfahrungen. Im Winter 1986 wurde wieder ein vierwöchiger Bibelkurs in der Hausgemeinde im Dorf Nanzhu durchgeführt. Etwa 300 junge Geschwister kamen aus verschiedenen Städten und Provinzen. Die vier Dozenten waren Bruder Du, Bruder Su, Bruder Meng und Sheng An. Fast am Ende dieses Bibelkurses, an Heiligabend, riegelten die Sicherheitsbeamten mit einigen Autos das Dorf ab. Sie eilten durch das Dorf und suchten die Schüler in den Häusern der Gläubigen. Dabei sprangen sie über die Mauern vor den Häusern und traten mit ihren Stiefeln die Türen der Wohnungen auf, in denen die Bibellehrer übernachteten. Die vier Bibellehrer, der Verantwortliche der Gemeinde und weitere 60 Dorfbewohner wurden festgenommen und auf einem Lastwagen in ein Untersuchungsgefängnis des Kreises Cheng'an gebracht. Obwohl es Winter war, hatten sie nicht einmal eine Decke für die Nacht bekommen.

Da es sehr kalt war, standen alle Gläubigen zusammen und sangen und beteten. Die Gefängniswärter wollten das nicht dulden. Sie riefen: »Was fällt euch ein, mitten in der Nacht zu singen! Das hält doch kein Mensch aus!«

Aber sie hatten ihre Freude am Lob Gottes, weil sie für nichts anderes festgenommen wurden, als dass sie an dem Bibelkurs teilgenommen hatten, der von der Drei-Selbst-Kirche nicht genehmigt wurde. Sie waren bereit, für ihren Glauben zu leiden.

Nach vier Tagen, als es vereinzelt draußen schneite, rief ein Beamter laut: »Sheng An, komm heraus!« Der Leiter der Religionsabteilung der Kreisstadt Guangping, Direktor He, kam mit einigen Sicherheitsbeamten, um Sheng An zurück nach Guangping zu holen. Kurz vor dem Gebäude des Amtes für innere Sicherheit fragte ein Beamter Direktor He, was sie nun mit Sheng An machen sollten. Direktor He überlegte eine Weile und sagte schließlich: »Lassen wir ihn frei. Er hat die Provinzgrenze nur überschritten, um ein paar alte Bekannte zu treffen. Das ist nicht so schlimm.«

So wurde Sheng An freigelassen, und es hätte eigentlich eine schwere Strafe für diese Straftat auf ihn gewartet, weil er als »Wiederholungstäter« bekannt war.

Allerdings erfuhr man später, dass die Brüder Du und Su verhaftet und zu je zwei Jahren Resozialisierung durch körperliche Arbeit verurteilt wurden, und der verantwortliche Gemeindeleiter wurde zu dreijähriger Umerziehung verurteilt. Auch die meisten Schüler hatte man inhaftiert.

Etwa zwei Wochen nachdem Sheng An wieder zu Hause war, gab ihm Direktor He durch den Neffen Sheng Ans den Rat, Guangping zu verlassen. Der Grund: Der Pastor der Drei-Selbst-Kirche in Guangping hatte erfahren, dass man Sheng An freigelassen hatte, und berichtete dies der lokalen Regierung, damit Sheng An noch einmal offiziell verhaftet würde.

Noch am gleichen Abend verließ Sheng An endgültig seine Heimat Guangping. Direktor He hatte ihm sagen lassen, dass es sich nicht lohnt, die Pastoren der Drei-Selbst-Kirche vor den Kopf zu stoßen.

Am folgenden Abend kamen Polizisten ins Dorf und verhafteten den Bruder Hu Menglan, den sie mit Sheng An verwechselt hatten. Erst drei Tage später ließen sie Bruder Hu Menglan frei.

Diese Beispiele machen deutlich, dass in diesen Jahren viele Repressalien nicht so sehr von der atheistischen Regierung, sondern von Pastoren der Drei-Selbst-Kirche veranlasst wurden.

WIEDER HEIMATLOS

Nun war Sheng An durch die Umstände wieder einmal genötigt, heimatlos von Ort zu Ort ziehen. So kam er in die Gegend von Xingtai, wo er das Evangelium verkündigte und ein Bruder Li Rongdian ihn in sein Haus aufnahm. Dieser Bruder war auch von ganzem Herzen dem Herrn ergeben, obwohl er viel gelitten hatte. In zwei Perioden während der Kulturrevolution wurde ihm eine hohe, auffällige Mütze als Zeichen eines gegenrevolutionären Verbrechers aufgesetzt, und vor seiner Brust hing ein Schild mit der Aufschrift »Kontrarevolutionär«. Damit wurde er durch die Straßen als Abschaum der Gesellschaft geführt. Seine Frau hatte sich von ihm scheiden lassen, und seine Kinder hatten ihn verlassen.

Diese beiden Brüder wurden enge Freunde und waren ein Herz und eine Seele. Gemeinsam besuchten sie die Dörfer in der Umgebung von Xingtai, hielten Bibelstunden und führten Bibelkurse durch.

Sie gründeten mit Geschwistern auch ein Orchester und nutzten jede Möglichkeit zu evangelisieren. Wenn chinesische Opern oder Volksmusik auf den Tempelmärkten aufgeführt wurden, gingen sie auch dorthin. Wenn die Aufführung zu Ende war, gingen sie mit ihren Instrumenten auf die Bühne, sangen und musizierten und bezeugten das Evangelium.

Das Orchester wurde auch gebraucht, um auf Hochzeiten oder bei Beerdigungen die Feiern zu umrahmen.

Zuerst waren sie eine Gruppe von sechs Musikanten, die Mundharmonika spielten. Später kamen zehn junge Brüder hinzu, die auch Erhu[3], Langflöten, chinesische Lauten und Gitarre spielten. Bald kamen auch noch Trompeten und ein Akkordeon dazu.

Das war damals eine außergewöhnliche Art, das Evangelium auf diese Weise zu verkündigen. Auf dem Banner des Orchesters konnte man in großer Schrift lesen: »Komm und glaube an Jesus! Gott liebt dich!« Sie reisten kreuz und quer durch die Dörfer, die entlang des Gelben Flusses lagen, und bald konnte Sheng An auch an anderen Orten Orchester gründen.

Damals waren die Herzen vieler Chinesen offen für das Evangelium, und Tag für Tag kamen Menschen zum Glauben an den Herrn Jesus. Und solche, die sich bekehrten, waren auch gerne bereit, das Kreuz auf sich zu nehmen und dem Herrn zu dienen.

Das Dorf, das sie besonders häufig und gerne besuchten, war das Dorf Liuke. Hier wohnte Zhang Xianyun, eine junge, entschiedene Schwester, die wegen ihres klaren Bekenntnisses zu Jesus zu drei Jahren Umerziehung verurteilt wurde. Aber auch im Umerziehungslager evangelisierte sie weiter und gewann viele Frauen für unseren Erlöser. Dabei führte sie ein so vorbildliches Leben, dass sogar der Umerziehungsleiter des Arbeitslagers sie nur ungern entließ. Alle Schwestern im Lager hatten Tränen in den Augen, als sie ihre Strafe abgesessen hatte und in die Freiheit entlassen wurde.

Als sie wieder zu Hause war, wurde sie von Sicherheitsbeamten aufgesucht und gefragt: »Hast du dich nun nach diesen drei Jahren Umerziehung endlich gebessert?«

»Nein, ich werde auch weiterhin das Evangelium weitersagen. Gerne könnt ihr mich wieder in das Gefängnis werfen«, war ihre

---

3 Die Erhu ist eine zweisaitige, mit dem Bogen gestrichene Röhrenspießlaute, die in der chinesischen Musik gespielt wird.

Antwort. Es gab mehrere Schwestern wie sie, deren Liebe und unerschütterliche Treue zum Herrn man schwer in Worte fassen kann. Nichts konnte ihre Liebe zum Herrn erschüttern.

Für Sheng An und Bruder Li war es eine große Freude, in diesem Dorf für den Herrn zu arbeiten und die Früchte der Arbeit dieser treuen Schwestern zu ernten.

Im Winter des folgenden Jahres kam Bruder Zhang, ein gleichgesinnter Bruder aus Guangping, nach Xingtai, um Sheng An aufzusuchen. Erst nach vielen Tagen und mit vielen Rückschlägen fand er ihn in einer der Gemeinden. Als dieser Bruder Sheng An endlich sah, hielt er seine Hand und weinte. Schweren Herzens flehte er:

»Bruder, versuch so schnell wie möglich, Xingtai zu verlassen. Lass dir bitte den Kopf kahl scheren, ziehe schmutzige Kleider an und fliehe, so schnell du kannst. Die Pastoren und Gemeindeleiter der Drei-Selbst-Kirche in Guangping haben sich um jeden Preis entschlossen, dich zu suchen und vor Gericht zu stellen. Sie haben in aller Öffentlichkeit bekannt gegeben, dass sie ihre Posten aufgeben würden, wenn die Behörden dich nicht verhaften würden. Du wärest gegen die Drei-Selbst-Kirche und hättest viele Leute illegal versammelt, um gemeinsam mit ihnen gegen die offizielle Kirche zu rebellieren. Sie haben inzwischen erfahren, dass du zurzeit in Xingtai bist, und machen sich auf, um dich zu finden. Darum verlasse diesen Ort so schnell wie möglich!«

Da Sheng An den Anordnungen der Drei-Selbst-Kirche nicht gehorchte, sondern ausschließlich in den illegalen Hausgemeinden arbeitete, hassten ihn diese Führer. Sheng An bedankte sich für diesen Rat und nachdem er sich von Bruder Zhang verabschiedet hatte, verließ er Xingtai und reiste mit dem Bus nach Peking.

Dort angekommen, wusste er zunächst nicht, wohin und an wen er sich wenden sollte. In dieser ausweglosen Lage betete er um eine klare Führung. Der Herr erhörte sein Gebet und zeigte ihm eine neue Aufgabe. Durch einen Bruder konnte er eine Stelle in einer Kunststoff-Fabrik in Peking bekommen. Er ging nun auch in Peking regelmäßig zu den Versammlungen, in denen er viele neue und brennende Geschwister kennenlernte.

UNERWARTETER BESUCH AUS DEM WESTEN

Mitte der 1980er-Jahre hatte Sheng An eine unerwartete Begegnung mit einem Bruder aus Deutschland, der ihn aus den Kindheitsjahren in China kannte. Es war Bruder Ernst Ruck, ein Sohn des Missionars Heinrich Ruck, der als Kind in China aufgewachsen war, später einige Jahre in Taiwan lebte und daher die chinesische Sprache gut beherrschte. Damals hatte er den kleinen Chinesen als Adoptivsohn von Gustav und Lili Koll kennengelernt und nicht vergessen.

Er wurde als Dolmetscher für eine der ersten Delegationen der deutschen Regierung in China angefordert, die aus Politikern und Geschäftsleuten bestand. Als die chinesischen Politiker ihn eines Tages nach getaner Arbeit höflich fragten, ob sie ihm einen Wunsch erfüllen könnten, berichtete er den Kommunisten, dass er als Kind in China aufgewachsen sei und damals einen Freund hatte, der Sheng An hieß, und dass er nicht wüsste, ob dieser noch leben würde. Sehr gerne würde er ihn noch einmal wiedersehen.

Innerhalb von 24 Stunden hatten die Chinesen Sheng An gefunden und dafür gesorgt, dass die beiden sich ungestört unterhalten konnten. Es war für Sheng An nach 40 Jahren die erste Person, die ihn aus alten Zeiten und auch seine Verwandten in Wuppertal kannte und mit der er Deutsch sprechen konnte.

Ihm erzählte Sheng An, wie gerne er wieder in den Norden ziehen und den Gemeinden dort helfen wollte, geistlich zu wachsen. Der Bruder fragte ihn, was er konkret vorhätte und ob er ihm irgendwie behilflich sein könnte. Bei dieser Gelegenheit berichtete ihm Sheng

An, dass er vorhätte, einen begabten Bruder zu suchen, der gut mit Holz umzugehen weiß, und auch eine Schwester, die sticken kann. Mit ihnen wollte er dann ein Modell der Stiftshütte herstellen, um diese dann bei Besuchen in den Gemeinden vorzustellen und den Heilsplan Gottes anschaulich illustrieren zu können.

Ernst Ruck riet ihm, er solle damit noch ein paar Wochen warten, vielleicht könnte er ihm dabei behilflich sein. Tatsächlich schickte ihm Bruder Max Theis aus Hamburg, der mit Sheng An über seine Adoptivmutter verwandt war und den er auch noch aus seiner Kindheit in Erinnerung hatte, per Kurier ein Modell der Stiftshütte. Das war für Sheng An ein großes Geschenk, für das er außerordentlich dankbar war und das er viele Jahre benutzte, um die Bildersprache des Alten Testaments anschaulich zu machen und den Reichtum des Wortes Gottes zu erklären.

Später bekam er ebenfalls aus Deutschland die bekannte Serie von 52 Dias, welche das hervorragende Modell der Stiftshütte von Bruder Paul Kiene aus der Schweiz abbildete. Sheng An kaufte sich einen Projektor und rüstete sich in jeder Beziehung gründlich aus, um gut vorbereitet zu sein, wenn der Herr ihn zur Arbeit rief.

Durch diesen unerwarteten neuen Kontakt mit den Christen in Deutschland konnten ihm die Geschwister der Christlichen Versammlungen in den kommenden Jahren zunächst auch mit einem Motorrad sowie später mit einem kleinen VW Jetta helfen, um seinen Dienst im hohen Alter leichter zu machen und zu erweitern.

Eckhard Bubenzer, der oft Sheng An besucht hatte und diese Hilfeleistungen eingeleitet hatte, vermittelte ihm auch den Kontakt zu dem australischen Missionar John Short in Hongkong, von dem er in der folgenden Zeit viel Unterstützung, geistliche Hilfe und Literatur bekam, wodurch Sheng An viele neue Impulse erhielt und mit neuer Freude die Bibel studierte.

Obwohl Sheng An nun eine gute Arbeitsstelle hatte und auch unter den Christen in Peking arbeiten konnte, vergaß er die vielen Gemeinden im Norden des Landes nicht und betete viel für sie.

RÜCKKEHR IN DEN NORDEN

Im Jahr 1994 war Sheng An fast 70 Jahre alt, und obwohl er in Peking arbeitete, schlug sein Herz für die vielen Geschwister in den Dörfern Nord-Chinas, deren Zahl enorm wuchs, aber denen geistliche Reife fehlte.

Es war bekannt, dass auch manche Sektierer dort ihre Irrlehren verbreiteten und viele Geschwister verführten. Diese Tatsache beunruhigte ihn sehr, und er bat den Herrn, ihn doch wieder auf das Land zu führen, damit er den Geschwistern dort dienen konnte. Er brauchte nicht den Komfort einer Großstadt, sondern wollte den Rest seines Lebens für den Herrn ungeteilt hingeben, um dort in den armen Dörfern dienen zu können, wo er am meisten gebraucht wurde.

Nachdem er den Eindruck bekommen hatte, dass es auch Gottes Wille war, kündigte er seine Arbeitsstelle in Peking und zog nach acht Jahren wieder in den Norden und wohnte zunächst etwa vier Jahre in Yongnian bei seiner Nichte und ihrem Mann, die beide gottesfürchtige Christen waren. In diesen Jahren zog er mit seiner Stiftshütte als Modell oder mit Diaprojektionen durch das Land, um zu evangelisieren oder Bibelkurse durchzuführen. Gott gebrauchte seinen Dienst, um viele Geschwister zu segnen, die zum Teil später zu Säulen in den Gemeinden wurden.

1998 zog er wieder in seine alte Heimat, nach Xincheng/Guangping, um wie vor Jahren dort in den Versammlungen zu predigen, die Geschwister zu besuchen und Bibelkurse durchzuführen.

Wenn wir leben, leben wir für den Herrn.
Wenn wir sterben, sterben wir für ihn.
Niemand lebt für sich allein, ob wir leben oder sterben,
wir gehören dem Herrn.

Unser Leib ist der Tempel des Herrn,
in dem der Heilige Geist wohnt.
Wir gehören nicht mehr uns, sondern wurden teuer erkauft,
um dem Herrn zu ehren.

Dieses Lied, das Sheng An besonders liebte, drückte sein Anliegen und Lebensziel aus. Wie der Apostel Paulus wollte er auch im hohen Alter dem Herrn so lange dienen, bis der Herr ihn abrufen würde.

Im nächsten Jahr machte er Besuche in Shandong, wo er ein Seminar für Mitarbeiter in den Gemeinden durchführte, das besonders gesegnet war. Bei dieser Gelegenheit lernte er eine Schwester kennen, die eine ähnliche Vergangenheit hatte wie er selbst. Als sie sich bekehrte und dem Herrn dienen wollte, wandten sich auch ihre Verwandten von ihr ab. Auch sie erlebte sehr viel Leid und Einsamkeit, aber sie nahm das aus der Hand des Herrn. Nachdem Sheng An von ihrer Situation gehört hatte, bewegte ihn das sehr, für sie zu beten, sie zu ermutigen und ihr praktisch zu helfen. Weil er selbst viel Einsamkeit und Verachtung erlebt hatte, konnte er mitempfinden und mitleiden.

Als diese vereinsamte Schwester einmal im Krankenbett lag, kochte der alte, grauhaarige Sheng An für sie, was sie zu Tränen rührte. Sie konnte kein Wort sagen, sondern weinte nur, weil sie an ihre verstorbenen Eltern dachte, die sie in ihrer Kindheit mit so viel Liebe umgeben hatten.

Sheng An las ihr aus der Bibel vor, betete mit ihr, und sie sangen gemeinsam, um den Herrn zu loben. Die Schwester wurde bald gesund, und sie lernte unter der Anleitung von Sheng An, wie man das Evangelium den Mitmenschen weitersagen kann, und lernte, wie es aussieht, das Kreuz auf sich zu nehmen und dem Herrn nachzufolgen.

Im Winter 2003 adoptierte Sheng An diese Schwester als seine Tochter, nachdem ihm viele Geschwister dazu geraten hatten. Sie bekam den neuen Namen »Aiya«, was bedeutet »Asien lieben«. Sie war sehr dankbar, anstelle von Sheng Ans verlorenen Kindern angenommen zu sein, die wegen seines Glaubens keinen Kontakt mehr mit ihm haben wollten. Als Sheng An wenige Jahre später von den Versammlungen aus Deutschland einen VW zur Verfügung gestellt bekam, fuhr und begleitete sie ihren Adoptivvater, der nun auch Besuche in weiter entferntere Gegenden machen konnte.

Ein Jahr später lernten wir Sheng An zum ersten Mal in Peking persönlich kennen, wie es in der Einleitung dieses Buches beschrieben wurde. In den folgenden Jahren versuchten Siegfried und ich ihn bei unseren jährlichen China-Besuchen zu treffen, zu ermutigen und zu unterstützen. Wir erkannten, dass der Herr ihn in Nord-China zum Segen vieler Gemeinden gebrauchen konnte – auch, um Zusammenhänge in der Bibel deutlich zu machen und den Heilsplan Gottes mit Israel und der Gemeinde zu erklären.

Er berichtete uns von seinen meist 10- bis 14-tägigen Bibelkursen, in denen er täglich in 4 Stunden die Offenbarung auslegte, wobei er große, selbst gemalte Plakate im Stil des »Bibelpanorama« benutzte, oder auch in sieben Tagen die symbolische Bedeutung der Stiftshütte erklärte. Wir erfuhren auch, dass er inzwischen einen treuen und begabten Mitarbeiter mit auf seine Reisen nahm, der damals 40 Jahre alt war und nach seinem Tod diese wichtige Arbeit weiterführen sollte.

Für diesen wertvollen Dienst konnten wir ihm bei einem weiteren Besuch ein zerlegbares, sehr schönes Modell der Stiftshütte im Maßstab von 1 : 68 in einem Alukoffer mitbringen, das wir ihm besorgen konnten.

BIBELARBEITEN VOR UNGEWOHNTEM PUBLIKUM

Da wir in den letzten Jahren in einer der vielen Millionenstädte Chinas eine Erweckung unter Medizinern kennengelernt hatten, in der Hunderte Ärzte und medizinische Fachkräfte zum Glauben gekommen waren, war es uns ein Anliegen, dass diese sehr gebildeten, am Bibelstudium interessierten, aber zum großen Teil auch jungen Christen Sheng An und seine Vorträge über die Stiftshütte kennenlernen sollten.

Natürlich waren wir gespannt, ob Sheng An, der sonst ein schlichtes, meist ärmeres und ungebildetes Publikum im Norden des Landes gewohnt war, diese Akademiker mit seiner Bibelauslegung erreichen konnte.

Im April 2008 kam es tatsächlich dazu. Sheng An war in seinem hohen Alter bereit, vor diesem für ihn ungewohnten Publikum die Stiftshütte zu erklären, wozu er das neue Modell benutzte und eine sehr dankbare Zuhörerschaft hatte, die wohl zum ersten Mal Vorträge dieser Art hörte und jede Menge Fragen hatte.

Als Mediziner erkannten sie aber in den folgenden Tagen sehr schnell, dass Sheng An sehr krank war: Bauchspeicheldrüsenkrebs! Er selbst äußerte zunächst dazu, dass der Herr ihn heilen, aber auch in die Ewigkeit abrufen könnte und er mit beidem einverstanden war. Eine Operation wollte er nicht wagen.

Doch die Ärzte nahmen sich Zeit, ihm deutlich zu erklären, dass auf jeden Fall eine Operation hilfreich sein könnte, und er möge doch bitte dafür beten, ob Gott eine solche Operation benutzen wollte, um ihn noch ein paar Jahre im Dienst zu erhalten. Schließlich hatte er uns allen noch kurz vorher erklärt: Wenn er einmal »alt« wäre, würde er so gerne in der Inneren Mongolei das Evangelium verkündigen – zu diesem Zeitpunkt war er immerhin bereits über 80 Jahre alt!

Tatsächlich erklärte er sich nach einigen Tagen damit einverstanden, zumal diese Ärzte ihn selbst und kostenlos operieren wollten. Gleichzeitig wurde ihm auch angeboten, sein ziemlich beschädigtes Gebiss von den anwesenden Zahnärzten zu sanieren und zu erneuern.

Beides geschah in den folgenden Monaten mit Erfolg, und bei unserem nächsten Besuch im folgenden Jahr staunten wir über sein wirklich blendendes Aussehen – zumindest, was seine Zähne betraf.

Bei diesem Besuch gab es für ihn eine besondere Überraschung: In den vergangenen Jahren hatte ich gelegentlich auf Konferenzen oder Gemeindebesuchen in Deutschland Vorträge über China gehalten und auch Bilder dazu gezeigt. Irgendwie hatten die Verwandten von Sheng An, die in der Nähe von Wuppertal oder in Schwelm wohnten, davon erfahren und waren total erfreut und erstaunt, dass ihr alter Freund, von dem sie über 50 Jahre nichts mehr gehört hatten, noch lebte.

Sie baten mich eindringlich, doch beim nächsten Besuch Bilder von ihnen aus alten Zeiten und eine Menge Briefe und Geschenke für ihn mit auf die nächste Reise nach China zu nehmen. Darunter war auch ein kleines Album mit Bildern seiner Adoptiveltern. Für uns war es natürlich ein großes Erlebnis, Sheng An, den wir mit seiner Adoptivtochter Aiya in einem chinesischen Hotel trafen,

DIE ADOPTIVELTERN
LILI UND GUSTAV KOLL

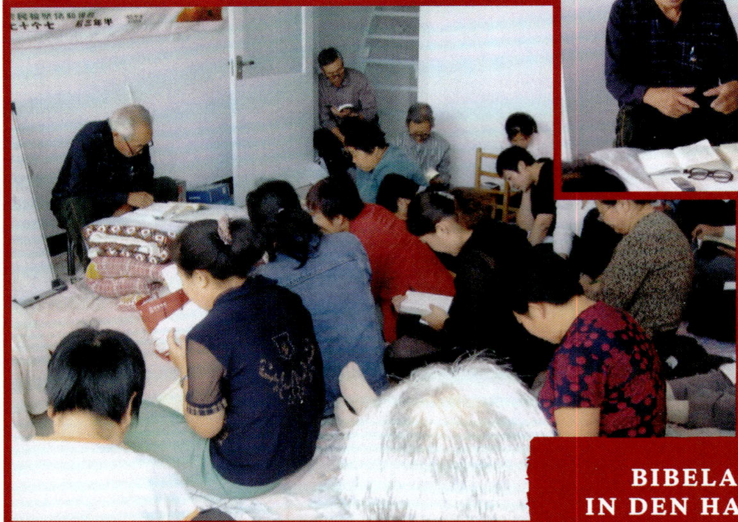

BIBELARBEITEN
IN DEN HAUSKIRCHEN
DER 1980ER/90ER-JAHRE

OSTERKONFERENZ
IN NORDCHINA 2003

NACH ÜBER 50 JAHREN BRIEFE UND FOTOS AUS DEUTSCHLAND

SIEGFRIED KOLL MIT ADOPTIVTOCHTER AIYA

SEMINAR ÜBER DIE TYPOLOGISCHE BEDEUTUNG DER STIFTSHÜTTE 2008

KONFERENZ MIT LEITERN DER LITTLE-FLOCK-GEMEINDEN 2016

BESUCH BEI DER WITWE VON WANG MING-TAO

BEILAGE ZU
»CHINA DAILY«
2009

HAUSKIRCHE
2017

CHRISTLICHE
BUCHHANDLUNG
2018

diese Geschenke, Bilder und Briefe zu überreichen und seine Freude und sein Erstaunen darüber mitzuerleben. Es war unsere letzte Begegnung mit ihm.

Ein Jahr später bekamen wir die Nachricht, dass Sheng An am 20. November 2010 zu seinem geliebten Herrn heimgehen durfte.

ENDLICH AM ZIEL

Eckhard Bubenzer, der damalige Leiter des GBV-Verlags, der gleichzeitig auch als Missionar weltweit unterwegs war, hatte Sheng An seit 1992 regelmäßig in China besucht und kennengelernt. Er hatte damals mitgeholfen, dass Sheng An mit einem Motorrad und später auch mit einem Auto versorgt wurde. Er konnte ihn einige Male vor seinem Heimgang in China besuchen und auch mit finanzieller Hilfe und wertvoller, weiterführender Literatur in chinesischer Sprache versorgen.

Er berichtete im Frühjahr 2011 in dem Missionsblatt »Mitteilungen aus dem Werk des Herrn in der Ferne« in einem eindrücklichen Nachruf den Heimgang und das Lebenswerk von Siegfried Koll (»Sheng An«):

»Am Abend des 20. November 2010 durfte unser geliebter Bruder Siegfried Koll eingehen in die Ruhe seines Herrn. Er erreichte das gesegnete Alter von ca. 85 Jahren. Gut zwei Wochen vorher hatte er mich noch angerufen, und seine Stimme klang voll und freudig, besonders im Hinblick auf den geäußerten Wunsch, doch, wenn möglich, noch im November zu kommen, um einen gemeinsamen Besuch bei den von ihm betreuten Geschwistern in der Inneren Mongolei zu machen. Kurz darauf musste er ins Krankenhaus, und am Sonntag, 21. November, erreichte uns die Nachricht von seinem Heimgang.

Der Herr hat es gnädig mit ihm gemacht, indem er nicht lange zu leiden brauchte und es ihm geschenkt war, dass eine langjährig vertraute Schwester an seinem Krankenlager weilte, als der Herr ihn zu sich rief. Sie teilte uns mit, dass Bruder Siegfried bis zum Schluss bei Bewusstsein und klarem Verstand war, lediglich die Augen schloss, um dann den letzten Atemzug zu tun.

Die Beerdigung fand am vergangenen Mittwoch in seinem Geburtsort Guangping in der Provinz Hebei statt. Sie wurde begleitet von der liebevollen Anteilnahme derer, denen sein entsagungsvoller Dienst unter dem großen Segen des Herrn gewidmet war. [...]

Zwei Dinge bestimmten elementar sein Zeugnis: die Echtheit des Glaubens und der Wiedergeburt, im Gegensatz zum äußeren Bekenntnis, und zum anderen die Wichtigkeit der Unterscheidung zwischen Israel und der Kirche. Der erste Punkt war verbunden mit der notwendigen Trennung von der Welt und besonders von der staatlich kontrollierten offiziellen Kirche, der zweite Punkt der Schlüssel zu einem rechten Grundverständnis der Schrift.

Zwei große Hauptthemen kennzeichneten seinen Dienst am Wort in den Hausgemeinden: erstens die Vorbilder der Stiftshütte und zweitens die 7 Sendschreiben (Offenbarung 2 und 3). Beide Themen pflegte er jeweils 10 Tage lang abzuhandeln und die oft jungen Gläubigen in dieser Weise tiefer in die Schrift einzuführen.

Darüber hinaus war sein gelebter Glaube eine ständige Ermunterung für die, welche das Vorrecht hatten, ihn persönlich zu erleben. Nie wurde er müde, für die treue und regelmäßige Unterstützung seitens der Brüder in Deutschland während der letzten 25 Jahre zu danken, verbunden mit seinen herzlichen Grüßen und der Bitte: **»Betet für die Hausgemeinden in China!«**

Dieses Anliegen erreicht uns nun aus dem gegebenen Anlass zum letzten Mal, und wir wollen uns dieses Vermächtnis zu Herzen nehmen.

Aller Dank gilt unserem Herrn, der seinen treuen Knecht durch Höhen und Tiefen bewahrt hat und der uns durch sein Wort aufruft: *»... den Ausgang ihres Wandels anschauend, ahmt ihren Glauben nach«* (Hebräer 13,7).

TEIL 2

CHRISTEN IN CHINA – GESTERN UND HEUTE

Manchem Leser der Lebensgeschichte Sheng Ans werden sicher einige Fragen aufgekommen sein, wie damals das kirchliche Leben in China ausgesehen hat und wie die meist angespannten und manchmal feindlichen Beziehungen zwischen den Christen in den offiziellen »Drei-Selbst-Kirchen« und denen in den Haus- oder sogenannten Untergrundkirchen zu erklären und zu verstehen sind.

Wahrscheinlich wird es auch einige Leser interessieren, ob und wie sich die Beziehungen untereinander und zum Staat in jüngerer Zeit entwickelt haben. Dazu soll dieser zweite Teil des Buches dienen, wobei gesagt werden muss, dass man wegen der Größe des Landes und der relativ wenigen belastbaren Informationen nur einen groben Überblick geben kann. Inzwischen gibt es derart viele Strömungen und Entwicklungen in den illegalen Kirchen, dass es zurzeit fast unmöglich scheint, mehr als nur selektive Beobachtungen, Erfahrungen und Informationen weiterzugeben.

Auch die staatlich anerkannten Drei-Selbst-Kirchen sind nicht mehr einheitlich und ähneln inzwischen immer mehr der Vielfalt der offiziellen Landes- und Freikirchen, wie wir sie in Europa und besonders im deutschsprachigen Teil vorfinden. Waren die offiziellen Kirchen in den ersten beiden Jahrzehnten seit der Revolution eindeutig theologisch liberal geprägt und der kommunistisch-sozialistischen Staatsideologie hörig, hat sich das in den folgenden Jahrzehnten – etwa ab 1980 – sehr deutlich geändert, wobei es aber durchaus auch Wellenbewegungen gegeben hat, wie man das besonders in der Gegenwart beobachten kann.

DIE ENTSTEHUNG UND ENTWICKLUNG DER DREI-SELBST-KIRCHE IN CHINA

Auch wenn man unter »Drei-Selbst-Kirche« fast immer an eine Bewegung denkt, die mit der Ära Mao Tse-tung begonnen hat, so wurde diese Bezeichnung schon ab 1921 gebraucht, allerdings unter etwas anderen Vorzeichen.

Mit der kommunistischen Partei Chinas, die 1921 gegründet wurde, begann eine fremden- und christenfeindliche Bewegung, die dafür verantwortlich war, dass schon 1925 Tausende Missionare aus China vertrieben wurden. Das bedeutete für die chinesischen Christen, dass sie in Zukunft nicht mehr auf ausländische Missionare und finanzielle Hilfe aus dem Ausland rechnen konnten, sondern lernen mussten, auf eigenen Füßen zu stehen, wenn sie in den vor ihnen liegenden Zeiten überstehen wollten.

So wurde schon damals von den Christen die Forderung erhoben, »Drei-Selbst«-Prinzipien zu beachten und anzustreben: »Selbstverwaltung – Selbstfinanzierung – Selbstpropaganda«. Konkret:

1. keine personelle oder organisatorische Abhängigkeit von ausländischen Missionen oder Institutionen, also »Selbstverwaltung«;
2. keine finanzielle Abhängigkeit von ausländischen Geldgebern, also »Selbstfinanzierung«;
3. keine Verkündigung außerhalb der vom Staat genehmigten Gebäude, also »Selbstpropaganda«.

In den Jahren 1921 – 1951 gab es trotz der vielen schwierigen politischen Umstände – bedingt durch den wachsenden Einfluss der Kommunisten und auch die schrecklichen Bürgerkriege, in denen Millionen von Chinesen ihr Leben verloren – eine gewaltige Erweckung unter den Christen. Daran änderte auch der Krieg Japans gegen China nichts, der 1937 begann.

Tausende kamen während dieser Zeit zum lebendigen Glauben, sowohl unter der ärmeren Bevölkerung in den vielen Dörfern als auch auf den Universitäten der zahlreichen Millionenstädte. Es war die Zeit, in der durch den Dienst von Watchman Nee und seinen Mitarbeitern die Gemeinden der »Kleinen Herde« (»Little Flock«) im ganzen Land enormes Wachstum erlebten. Aber auch durch die Predigten von Wang Ming-tao und Allan Yuan in Peking wurden viele Studenten erweckt, und die Bücher und Traktate dieser Brüder wurden im ganzen Land verbreitet. Gleichzeitig zogen begabte Evangelisten wie John Sung und Andrew Gih mit ihren Evangelisations-Teams durch das Land, wodurch viele Menschen zum Glauben kamen.

Diese Erweckung erfuhr besonders ab 1951 heftigen Widerstand, der in China dazu führte, dass nun offiziell die kommunistisch dominierte »Drei-Selbst-Kirche« ins Leben gerufen wurde, wozu ausgerechnet liberale und angepasste christliche Pastoren und Gemeindeleiter beigetragen haben. So wurde im Mai 1950 von ungefähr vierhunderttausend Pastoren das »Christliche Manifest« unterschrieben. Ihr Ziel bestand darin, die Kirchen in China vom »Drei-Selbst-Prinzip« durch »völlige Trennung von allen Bindungen an den ausländischen Imperialismus« zu überzeugen. Als Konsequenz dieser Entwicklung wurde allen ausländischen Missionaren durch die Missionsgesellschaften empfohlen, das Land China zu verlassen. Die C. I. M. (China-Inland-Mission) fällte als letzte diese Entscheidung, die dann auch zur Folge hatte, dass der Regierung die Aushändigung der Übertragungsurkunden für den gesamten Missionsbesitz übergeben werden musste.

Als neue Kirchenzeitschrift wurde der »Himmlische Wind« (»Tian Feng«) herausgegeben, der nun das Sprachrohr und Organ der kommunistischen Drei-Selbst-Kirche wurde, in welcher die neue kommunistische Gesellschaft als eine Art »Reich Gottes« gerühmt und angepriesen wurde.

DIE NEUEN REGELN

Für die Organisation der Drei-Selbst-Kirchen wurden nun unter anderem folgende Regeln aufgestellt:

- Alle früheren Komitees und Ausschüsse zur Verwaltung der verschiedenen Kirchen werden aufgelöst und liegen von nun an in den Händen des patriotischen Drei-Selbst-Komitees.
- Es gibt nur noch ein einheitliches Gottesdienstprogramm, jede Kirche muss ihren eigenen Ritus aufgeben.
- Die Lieder für die Gottesdienste werden vereinheitlicht. Ein Komitee wählt die Lieder für den Gebrauch aus und gibt sie heraus.

Ein Beispiel eines politischen Liedes, das damals dem Gesangbuch hinzugefügt wurde:

»Dank sei der kommunistischen Partei und dem Präsidenten Mao,
denn nach der Befreiung wurde die Kirche geeint.
Wir sind nicht mehr länger in Konfessionen gespalten,
wir sind nicht mehr aufgeteilt in Besitzende und Arme,
wir haben Selbstausbreitung, Selbstunterhaltung und Selbstverwaltung.
Wir werden jetzt nicht mehr vom Imperialismus unterdrückt,
unser Lebensstandard hat sich gebessert,
wir leben in einer freien und glücklichen Gesellschaft.«

- Alle Bücher, die als Kommentare zur Bibel benutzt werden, müssen geprüft und beurteilt werden. Sie müssen die Einheit und den Sozialismus fördern, alles andere wird abgelehnt.
- Es werden nur Lehren akzeptiert, welche die Einheit und den Sozialismus fördern. Insbesondere sämtliches Material, das aus dem Ausland stammt, ist vor einer Genehmigung sorgfältig zu prüfen.

- Es darf nicht mehr über den Jüngsten Tag und die Vergänglichkeit der Welt gepredigt werden. Das sind negative und pessimistische Lehren. Stattdessen wird die Notwendigkeit der Einheit im Glauben und Leben, die Würde der Arbeit, die Kontrolle über die Natur und die Trennungslinie zwischen uns und unseren Feinden, zwischen Richtig und Falsch betont.
- Glaube und Unglaube soll keinen Ausschlag bei der Wahl der Ehe geben.
- Die »Kleine Herde« soll ihre Frauenversammlungen einstellen, ebenso das wöchentliche Brotbrechen. Ihre Regel, dass Frauen in der Kirche nicht predigen dürfen, muss aufgegeben werden.
- Keine Taufe von Personen unter 18 Jahren.

Im weiteren Verlauf kam noch der Versuch hinzu, das traditionelle Familienleben der Chinesen aufzulösen. Frauen sollten zugunsten produktiver Arbeit von den häuslichen Pflichten entbunden werden, indem man für gemeinsame Mahlzeiten, gemeinsame Wäschereien, Schneidereien und in einigen Fällen sogar für gemeinsame Schlafstellen sorgt. Kinder sollten von frühester Kindheit an die Fürsorge des Staates genießen, der Kindergärten und auch Internatsschulen einrichtet. Kinder sollten jetzt lernen, die Kommune als ihre Heimat und Eltern zu betrachten.

DER TREUETEST

Die Christen standen damals vor der schweren Entscheidung, sich unter das Dach der Drei-Selbst-Kirche zu begeben, um keine Schwierigkeiten zu bekommen, oder aber sich illegal in kleinen Hausgemeinden zu treffen, um ihre Überzeugungen praktizieren zu können. Aber das war meist mit großer Gefahr verbunden, von Nachbarn oder auch von ehemaligen, aber nun angepassten Mitgeschwistern denunziert zu werden, die sich dadurch Vorteile vonseiten der Regierung erhofften.

Zu diesem Zweck wurden dann öffentliche Schauprozesse durchgeführt, in denen solche in Verdacht geratene Christen oft vor Tausenden von Menschen angeklagt und beschuldigt wurden, worauf – wie im Fall von Watchman Nee, Wang Ming-tao, Allan Yuan, Samuel Lamb und vielen anderen Führern der Christen – Todesstrafen oder jahrelange Haftstrafen ausgesprochen wurden.

Diese »Kritikbewegung« ist eines der tragischsten Kapitel in der Geschichte der christlichen Kirche in China. Fast täglich fanden öffentliche Hinrichtungen statt, und viele Christen wurden zum Selbstmord getrieben.

Die Reaktionen der Christen waren sehr verschieden. Manche heuchelten vor der Regierung eine Gesinnungsänderung im Sinne der Kommunistischen Partei, schlossen sich äußerlich der Drei-Selbst-Kirche an, blieben aber in ihrem Herzen evangelikal und besuchten neben den offiziellen Gottesdiensten in den meist sehr großen Kirchen auch gelegentlich die Versammlungen der Hausgemeinden. Andere hielten trotz der Gefahren jeden Kompromiss für Untreue gegen den Herrn und waren nicht bereit, sich der Drei-Selbst-Kirche anzuschließen. Viele von ihnen wurden verhaftet, teilweise gefoltert und zu mehr oder weniger langen Gefängnisstrafen verurteilt.

Solche Gemeindeleiter und Pastoren, die früher in Gemeinden Verantwortung trugen oder auch in evangelikalen Gemeinden angestellt waren, standen vor der schweren Frage, ob sie die Fahne wechseln oder ihren früheren, biblischen Überzeugungen treu bleiben sollten. Viele von ihnen haben damals leider den scheinbar bequemeren Weg gewählt und ihren bisherigen Glauben hinter sich gelassen, um in der staatlichen Kirche Karriere zu machen. Oft wurden diese Männer dann die heftigsten Gegner derer, die dem Evangelium treu bleiben wollten und dafür Verfolgung und Leiden auf sich nahmen.

Leider ist das ein trauriges Phänomen, das sich im Laufe der Kirchengeschichte immer wieder ereignet hat. Immer dann, wenn Staat und Kirche ein Bündnis geschlossen haben, war die Gefahr groß, dass irgendwann der Staat vorschrieb, was man zu glauben oder nicht mehr zu glauben hatte. Das konnte man schon in der frühen Christenheit im 4. Jahrhundert unter Konstantin feststellen, schließlich im Mittelalter und leider auch im 20. Jahrhundert. Ab 1933 war der größte Teil der Christen in Deutschland bereit, sich als »Deutsche Christen« unter die Führung der Nationalsozialisten zu stellen und die antichristlichen Ideen Hitlers zu akzeptieren und – ähnlich wie später in China – die »Bekennende Kirche« zu verraten und zu verfolgen. Mit dem Argument aus Römer 13,1-2 (»der Obrigkeit untertan«) begründeten damals die meisten Evangelikalen ihre Haltung, Hitler als ihren gottgegebenen Führer anzuerkennen und von ihm das Heil zu erwarten. Aufseiten der Bekennenden Kirche bestand man darauf, Gott mehr zu gehorchen als Menschen (Apostelgeschichte 4,19; 5,29), wenn es um den Gottesdienst der Gemeinde und um die Anweisungen der Bibel in allen Fragen des Denkens, des Lebens und Glaubens geht.

Wie aktuell dieses Phänomen auch in der Gegenwart zu beobachten ist, dürfte jedem klar sein, der aufmerksam die Ziele bestimmter politischer Parteien beobachtet, die ebenfalls den Gottesbezug aus unserem Grundgesetz streichen möchten, um selbst zu bestimmen, was gut und böse ist.

Immer dann, wenn ein Politiker oder auch eine Regierung zu einer Institution wird, von der eine Meinungsdiktatur ausgeht, ist der Nährboden für Heuchelei, Denunziantentum, Selbstsucht, Korruption und Rücksichtslosigkeit zubereitet.

Was damals die Situation in China betrifft, so ist anzunehmen, dass die erste Generation der Pastoren mehrheitlich aus Personen bestand, die entweder keine wiedergeborenen Christen waren oder aus Feigheit und Menschenfurcht ihren Glauben verleugnet und sich der kommunistischen Ideologie unterworfen haben.

Innerhalb des Protestantismus in China ergibt sich folgende Situation:

1. Die Kirchen der kommunistischen Drei-Selbst-Bewegung können in den teilweise sehr großen Kirchengebäuden unter der Kontrolle und nach den Vorgaben der Regierung legal ihre Veranstaltungen durchführen.
2. Dann gibt es Gemeinden (bzw. »Versammlungsorte«), vor allem in ländlichen Gebieten, die auch zur Drei-Selbst-Bewegung gehören, aber meist in schlichten Gebäuden ihre legalen Versammlungen abhalten, meist aber nicht von ausgebildeten Pastoren geleitet werden.
3. Weiter gibt es unabhängige Gemeinden, die nicht der Drei-Selbst-Bewegung angehören, überwiegend aber nicht registriert sind und zu den Drei-Selbst-Kirchen meist eine kritische Einstellung haben.
4. So gibt es z. B. auch Gemeinden der von Watchman Nee geprägten »Kleinen Herde«, die wohl registriert, also legal sind, aber sich nicht der Drei-Selbst-Bewegung angeschlossen haben.
5. Die weitaus meisten evangelikalen Christen kommen als Hauskirchen (manchmal auch »Untergrundkirchen« genannt) in ihren Wohnungen oder in gemieteten größeren Räumlichkeiten zusammen. Private Zusammenkünfte von bis zu 35 Personen sind offiziell legal, eine darüberliegende Anzahl ist dagegen verboten.

Diese Gemeinden sind manchmal vernetzt, oft aber völlig unabhängig und werden meist von Brüdern, also nicht von ausgebildeten Theologen, geleitet. Ihre geistliche Prägung ist sehr unterschiedlich, wobei der Einfluss der Presbyterianer (oft aus Süd-Korea) teilweise sehr stark ist und meist einen konservativen, reformatorischen Hintergrund hat.

Zu diesen Gemeinden gehört auch der größte Teil der »Kleinen Herde«, die sich in den letzten Jahrzehnten enorm vergrößert haben und sich teilweise in großen, kirchenähnlichen Gebäuden versammeln. Diese Gemeinden haben nicht selten über 1000 Mitglieder, werden meist vom Staat beobachtet, aber immerhin geduldet.

Daher ist es auch unzutreffend, von »Untergrundgemeinden« zu sprechen, weil sie zwar illegal zusammenkommen, aber wegen ihrer Größe nicht geheim sind.

So hatte die Gemeinde, die von Samuel Lamb in Guangzhou geprägt und geleitet wurde (»Gemeinde ohne Namen«) zu seinen Lebzeiten bis 2013 etwa 4000 Mitglieder, die über den Sonntag verteilte, stadtbekannte Gottesdienste besuchten.

Nach dem Ende der Kulturrevolution (1966–1977) hat sich das Land in kleinen Schritten geöffnet. Besonders unter Deng Xiaoping (ab 1980) wurde den Christen mehr Freiheiten erlaubt. Inzwischen befindet sich im Rahmen der »Amity Foundation« die weltgrößte Bibeldruckerei in Nanjing, in allen größeren Städten gibt es meist mehrere christliche Buchläden mit einem erstaunlich großen Programm an guter, geistlicher Literatur. Per Internet kann man Bücher bestellen oder auch kostenfrei herunterladen. Bibeln müssen schon seit vielen Jahren nicht mehr nach China geschmuggelt werden, sondern können in jeder registrierten Kirche zu günstigen Preisen für den persönlichen Gebrauch gekauft werden.

Tatsächlich gibt es seit einigen Jahren vereinzelt auch christliche Schulen in den Großstädten, die überprüft werden, jedoch nicht registriert sind und meist geduldet werden, weil von ihnen ein guter Einfluss auf die Gesellschaft ausgeht.

WANG MING-TAO – DER »GRÖßTE STACHEL«

Einer der bekanntesten und einflussreichsten Prediger in China war Wang Ming-tao (1900 – 1991). Wegen seiner Unerschütterlichkeit, Kompromisslosigkeit und Hingabe an Christus war er das Vorbild einer jungen Generation chinesischer Christen in China. Da er auf vielen Konferenzen im Land und auch auf der jährlichen Pekinger Studentenkonferenz ein beliebter Redner war, strömten die Studenten in seine Kirche. Außerdem gab er die vierteljährlich erscheinende Schrift »Geistliche Nahrung« sowie einige Bücher und viele Kleinschriften heraus.

Arthur Reynolds schrieb über ihn:

»Es gab wohl nur wenige Führer der christlichen Gemeinde in China, die so unabhängig und auch kritisch gegenüber den ausländischen Missionaren waren wie Wang Ming-tao. Er ging bewusst und entschieden einen unabhängigen Weg, bei klarer, biblischer Ausrichtung, ohne irgendwelche extremen Lehren und Verirrungen.

Er war ein weltbekannter Mann mit einem geistesmächtigen Zeugnis. Seine Kirche in Peking war bis auf den letzten Platz besetzt. Oft standen Hunderte draußen. Schon dadurch war er der kommunistischen Regierung ein Dorn im Auge, aber man wagte lange nicht, Hand an ihn zu legen.

Ohne Kompromisse ging er seinen Weg als Christ. Lieber wollte er um Christi willen leiden und sterben, als seinem Herrn untreu werden. Er war ein erbitterter Gegner der liberalen Theologie.

Auch darauf konzentrierten sich die Angriffe seiner Gegner gegen Wang Ming-tao. Man wusste ganz genau: Ist erst einmal sein Widerstand gebrochen, ist der Kampf gegen die christliche Kirche gewonnen. [...] Er war entschlossen, ohne Zugeständnisse Christus zu bezeugen mitten in einer zu Kompromissen bereiten Kirche. Es war ihm bewusst, dass die christliche Kirche nur durch Kompromisse die Freundschaft mit der kommunistischen Regierung erkauft hatte. Aber eine solche Kirche hat aufgehört, Gemeinde Jesu Christi zu sein.«[4]

So kam es zu einer groß angelegten Anklagekampagne vonseiten der Drei-Selbst-Bewegung gegen ihn: »Wang Ming-tao ist eine Gefahr für die ganze christliche Sache!«

Einige Zeit wagte er nicht mehr öffentlich zu predigen und es gab keinen Drucker mehr, der seine Schriften und Bücher zu drucken wagte.

Aber als er wieder zu predigen begann, hatte er mehr Zuhörer als je zuvor. Jetzt übte er auch ganz offen Kritik an der Drei-Selbst-Bewegung, die sowohl mit Drohungen als auch mit Schmeicheleien alles versuchte, um ihn auf ihre Seite zu bringen. Aber er wollte lieber den Tod erleiden, als einen Deal mit ihnen einzugehen. Er kaufte sich sogar einen Sarg und hielt ihn zu Hause bereit für den Tag, an dem er für seine Haltung würde sterben müssen.

Im Januar 1955 hielt er mutig eine vierzehntägige Evangelisation in Peking, bei der sich viele Zuhörer bekehrten und die den bisherigen Rekord seiner Zuhörerzahl brach.

Doch ein halbes Jahr später trafen sich 49 verantwortliche Leiter aller Kirchen in Hankow, um Wang Ming-tao anzuklagen. Seine ehemaligen Freunde wie auch nun lebenslangen Feinde brachten

4 Arthur Reynolds, *Standhaft im Glauben*, Gießen 1969, Brunnen Verlag, S. 25.

Anklagepunkte gegen ihn vor, und alle gaben dann gemeinsam eine Abschlusserklärung mit folgenden Worten heraus:

»Wir hoffen, dass er seine Irrtümer erkennen und dass er einlenken wird, bevor er an den Abgrund gelangt, und nicht an seinem Irrtum festhält, sondern auf ewig sich zu seinem Volk stellt.«

Jetzt war klar, dass bald der Sturm über ihn hereinbrechen würde, und er ahnte es. Am 7. August, während er jeden Augenblick mit seiner Verhaftung rechnete, predigte er über die Worte Jesu »Der Sohn des Menschen ist in die Hände der Sünder überliefert worden«.

Das sollte seine letzte Predigt und eine beißende Anspielung auf den großen Verrat Christi durch die offizielle Kirche in China sein.

Nach der Predigt verteilte er Flugblätter, worin er noch einmal deutlich machte, worum es geht:

»Wir möchten mit ganzem Ernst sagen: Wir werden uns nicht mit Ungläubigen verbinden, und wir werden niemals irgendeiner ihrer Organisationen beitreten. Wir sind mit allen wahren Christen in ihrem Dienst für den Herrn verbunden im Geist. Aber wir sollten nicht gezwungen werden, uns in einer formellen Organisation zusammenzuschließen. Wir finden es nicht als Befehl oder Vorschlag in der Bibel. Wir verhalten uns dem Glauben gemäß. Was sich an die Wahrheit des Wortes hält, akzeptieren und halten wir. Was die Bibel nicht befiehlt, verwerfen wir. Wir bringen jedes geforderte Opfer, um Gott treu zu sein.

Die Verdrehung des Wortes und die daraus folgenden Falschheiten können uns nicht einschüchtern. Die Menschen sind frei zu sagen, was sie wollen. Aber die christliche Wahrheit ändert sich nie. Gläubige sehen das ganz klar. Ohne Rücksicht darauf, wie andere die Wahrheit verdrehen mögen und uns verleumden: Wir, aufgrund unseres Glaubens, werden fest bleiben.«

Es dauerte nicht lange, noch in der gleichen Nacht klopfte es etwa um 1 Uhr an seiner Tür. Ein Kommando der Polizei weckte Wang Ming-tao und seine Frau und befahl ihnen, sich schnell anzukleiden. Sie wurden gefesselt und ins Gefängnis gebracht.

Einige junge Studenten, die Mitglieder seiner Kirche waren, wurden zur gleichen Zeit verhaftet. Allen wurde Widerstand gegen die Regierung vorgeworfen, obwohl er niemals ein einziges Wort der Kritik über die Regierung als solche gesprochen hatte. Sein Widerstand hatte nur der Drei-Selbst-Bewegung gegolten.

GEHIRNWÄSCHE

Wang Ming-tao wurde zunächst zu 15 Jahren Gefängnis verurteilt. Während dieser Zeit teilte er die Zelle mit zwei Männern, die ihn in endlose Diskussionen verwickelten, mit ihm argumentierten und debattierten. Sie übten den wohlbekannten psychologischen Druck aus, den die kommunistische Welt so gut beherrscht. Dazu musste er endlose Verhöre über sich ergehen lassen.

Aufgrund dieser massiven Gehirnwäsche brach er an Geist und Seele völlig zusammen. In diesem Zustand unterschrieb er ein von den Kommunisten verfasstes Schreiben mit dem Titel »Selbstprüfung«. Es begann mit folgenden Worten:

»Ich bin schuldig, antirevolutionäre Taten begangen zu haben. Ich bin der geduldigen Erziehung der Regierung zu Dank verpflichtet, die mich meine eigenen Fehler erkennen ließ. Und doch hat die Regierung richtig an mir gehandelt, mich aus dem tiefen Schlund des Verbrechens befreit ... Was meine verbrecherischen Taten anbetrifft, so habe ich die ganze Angelegenheit schon offen der Regierung bekannt ...«

Dieses Bekenntnis wurde natürlich im vollen Wortlaut im »Himmlischen Wind« veröffentlicht und mit dem folgenden Zusatz der Herausgeber versehen:

»Herr Wang Ming-tao, Pfarrer des christlichen Tabernacels in Peking, hat die ganze chinesische Kirche gegen sich erregt durch seine konterrevolutionäre Tätigkeit seit der Befreiung. Während des letzten Jahres haben die Gedanken von Herrn Wang Ming-tao unter der Leitung der Regierung eine große Wandlung durchgemacht. Er hat seine Fehler eingesehen und seine Sünden ans Licht gebracht. Am 30. September hat er ein öffentliches Bekenntnis vor einer großen Versammlung der Delegierten der Drei-Selbst-Bewegung abgelegt.

In der oben veröffentlichten Rede zählt er nicht alle seine Verbrechen auf, obwohl er es vor der Regierung getan hat. Aber er bekennt, wie sein Kontakt mit westlichen Imperialisten während vieler Jahre ihn beeinflusst hat. Wir verurteilen den alten Wang Ming-tao als einen Konterrevolutionär. Wir danken der Regierung für ihre Milde, die sie im Blick auf seine Verbrechen walten ließ. Aber wenn wir ehrlich unsere Sünden bekennen, werden sie uns bestimmt vergeben (Sprüche 28,13).

So hoffen wir, dass alle Mitchristen auf liebevolle Weise Wang Ming-tao dabei helfen werden, dass sein Aufwachen fortschreitet und er sich gänzlich mit dem Volk gleichstellt. Und wir hoffen, dass er dieses Bekenntnis als Ausgangspunkt nimmt, um seinen Geist vollkommen von allem imperialistischen Gift zu reinigen und auf diese Weise alle begangenen Irrtümer gutzumachen. Wir heißen Wang Ming-tao willkommen, dass er sich zu uns hält in der christlich-patriotistischen antiimperialistischen Gesellschaft und in dem eifrig betriebenen Wiederaufbau der chinesischen Kirche.«

Aber Wang Ming-tao war nicht befähigt zu realisieren, was er unterschrieben hatte. Mit großen Ehren und einem Festgelage wurde er nach 13 Monaten Haft am 30. September 1956 wieder in die Volksgemeinschaft aufgenommen. Er war wieder frei.

Sein Körper schien gesund, doch sein Geist war sehr stark angegriffen. Predigen konnte er nicht mehr, und bald wurde deutlich, dass er einen geistigen Zusammenbruch erlitten hatte. Wie ein Wahnsinniger ging er umher, verklagte sich selbst und rief: »Ich bin Petrus!«, oder: »Ich bin Judas und habe meinen Herrn verraten!« Sein Gewissen verklagte ihn hart. War das ein Sieg für die kommunistische Regierung?

REUE

Nach etwa einem halben Jahr erholte sich Wang Ming-tao so gut, dass ihm deutlich bewusst wurde, was er unterzeichnet hatte. Er teilte der Regierung mit, dass er die Unterschrift im Zustand der Unzurechnungsfähigkeit vollzogen hätte und sie darum heute wieder zurücknähme.

Ihm wurde unmissverständlich mitgeteilt: »Wissen Sie, dass Sie dann sofort wieder verhaftet werden?«

Doch seine Antwort war auch eindeutig: »Ja, aber ich kann nicht anders, als das wieder zurückzunehmen.«

Daraufhin wurde er wieder verhaftet. Das Urteil lautete: lebenslängliche Haft!

Wang Ming-tao wurde 1979, nach 23 Jahren Haft, als kranker Mann entlassen. Am 28. Juli 1991 – drei Tage nach seinem 91. Geburtstag – wurde er in Shanghai von seinem Herrn in die ewige Herrlichkeit abgerufen. Sein kompromissloses Leben, seine Hingabe, Leidensbereitschaft und Standhaftigkeit bleiben für uns eine Herausforderung, in einer von vielen Gefahren bedrohten Christenheit unerschrockene und treue Zeugen Jesu Christi zu sein.

CHRISTEN IN CHINA VOR UND UNTER XI JINPING

Während der Regierungszeit **Hu Jintaos**, der von 2003 bis 2013 Präsident in China war, hatten die Christen im Allgemeinen keine großen Schwierigkeiten oder Repressalien vonseiten des Staates erlebt.

Die Präsidentschaft Hu Jintaos zeichnete sich durch einen bescheidenen und zurückhaltenden Führungsstil aus. Allgemein wird geurteilt, dass sein Regierungsstil mehr auf technokratische Kompetenz als auf einen stark ausgeprägten Personenkult setzte. Es gab auch Vermutungen, dass es in höchsten Regierungskreisen durchaus auch Christen oder den Christen positiv gegenüberstehende Beamte gab. Möglicherweise hatte das auch zur Folge, dass die Christen gewisse Freiheiten bekamen oder zumindest geduldet wurden.

Natürlich gab es je nach Provinz Unterschiede, aber von großflächigen Aktionen in Form von Verfolgung der Gemeinden hat man zumindest wenig erfahren.

EINE FÜLLE AN CHRISTLICHER LITERATUR

In diesen Jahren sind erstaunlich viele christliche Buchhandlungen entstanden, in manchen Großstädten oft vier oder fünf Läden, die ein enorm breites Programm an christlichen Büchern anboten. Diese Bücher konnten in China gedruckt werden, wenn bestimmte Voraussetzungen erfüllt wurden und bei einer Prüfung keine offensichtliche Kritik an der kommunistischen Ideologie und Staatsführung gefunden wurde und keine Unruhe unter den Religionen oder Konfessionen geschürt wurde.

Aber alle bekannten christlichen Klassiker und Werke von Luther, Calvin, den Puritanern, Bunyans »Pilgerreise«, Predigten von Spurgeon, Wesley und anderen Erweckungspredigern, die Werke von C. S. Lewis, Martyn Lloyd-Jones, die Bücher von W. W. Wiersbe, Tim Keller, John Piper usw. wurden und werden zu sehr günstigen Verkaufspreisen angeboten.

Dazu auch eine überraschend große Anzahl an Biografien über christliche Persönlichkeiten aus den vergangenen Jahrhunderten, die es nicht einmal in deutscher Sprache gibt, und jede Menge Bücher zu den Themen Ehe, Familie, Erziehung und Seelsorge.

Natürlich kann man auch Bücher von liberalen Theologen finden, oder auch von pseudochristlichen Psychologen wie N. V. Peale, Robert Schuller usw. und natürlich auch von bekannten charismatischen Autoren wie Joyce Meyer, Kenneth Hagin usw.

Allerdings: Eindeutig evangelistische Bücher haben es schwer, durch die Zensur zu kommen, ebenso Bücher, welche die Evolution kritisch diskutieren oder eindeutig kreationistisch sind. An Jugend- und Kinderbüchern gibt es keine große Auswahl, aber immerhin wurden einige Bücher der bekannten und begabten Autorin Patricia St. John aufgelegt.

Diese Bücher wurden jeweils mit einer Registriernummer von der Regierung versehen und damit öffentlich erlaubt und sind auch online erhältlich.

Bücher von Watchman Nee oder Wang Ming-tao usw. stehen allerdings auf dem Index und sind nur – wenn überhaupt – unter der Ladentheke erhältlich.

Neben den genehmigten Büchern gibt es aber auch eine Menge illegal gedruckter und verbreiteter Literatur, die zum großen Teil unentgeltlich verteilt wird und deren Druck und Verbreitung manchmal auch bestraft wird.

Da die offiziellen christlichen Buchhandlungen aber fast ausschließlich von solchen Mitarbeitern betreut werden, die selbst jung im Glauben sind und die theologischen Unterschiede der Autoren nicht beurteilen können, kommt es durchaus vor, dass bibelkritische Autoren neben eindeutig bibeltreuen Verfassern in der gleichen Reihe stehen.

Durch die zunehmende Medienkompetenz der Chinesen wird es der Buchhandel wahrscheinlich zukünftig schwerer haben, seine Produkte an den Leser zu bekommen. Dazu kommt noch, dass die Lesefreudigkeit, für welche die Chinesen in der Vergangenheit immer bekannt waren, dem Handy und Smartphone Platz gemacht haben.

Wenn man vor 5 Jahren im Flugzeug, im Zug oder in der U-Bahn saß, konnte man beobachten, dass fast jeder Chinese ein Buch oder eine Zeitschrift in den Händen hielt. Inzwischen hat sich das völlig verändert. Jetzt fällt jeder auf, der noch ein Buch liest, anstatt auf einen kleinen oder größeren Monitor zu schauen.

Auch waren vereinzelt Freiversammlungen möglich, ohne dass die Polizei eingriff, was heute im Jahr 2020 unter Xi Jinping kaum vorstellbar ist.

DAS PROBLEM MIT DEN KREUZEN ...

Mit dem Dienstantritt von Xi Jinping im Jahr 2013 konnte man in christlichen Magazinen lesen, dass die Regierung in China die Kreuze auf den Kirchen mit Gewalt entfernen lässt, und schloss daraus, dass eine neue Verfolgungswelle eingeleitet worden war.

Diese Nachricht ist zumindest eine Fehlinterpretation. Tatsache ist, dass zunächst nur in der Provinz Zhejiang (Küstenprovinz südlich von Shanghai) Kreuze demontiert wurden. In dieser Provinz, in der sich allerdings sehr viele sowohl registrierte wie auch illegale Kirchen befinden, ist vom damals zuständigen Parteivorsitzenden, der sowohl Buddhist als auch Kommunist war, die Entfernung von Kreuzen auf Kirchengebäuden angeordnet worden. Der Befehl ging also nicht von der Regierung in Peking aus, sondern von dieser Provinzregierung – wahrscheinlich nach Absprache mit Peking.

Dazu muss man wissen, dass die Mentalität der Chinesen dazu neigt, durch äußere Größe Macht und Eindruck zu demonstrieren. So sieht man beispielsweise in kaum einer anderen Stadt der Welt so viele hochklassige BMW, Porsche, Mercedes, Audi usw. wie in den Großstädten Chinas. In Shanghai, mit etwa 24 Millionen Einwohnern, bekommt man den Eindruck, dass jedes Jahr ein neues, riesiges Hochhaus »aus der Erde schießt«, das an Höhe, Größe und Originalität die bisherigen Gebäude übertrifft – als würde es sich um einen Wettbewerb handeln.

Ähnlich ist es auch mit den öffentlichen Kirchen. Besonders in den Außenbezirken der Großstädte fallen diese Kirchen durch ihre enorme Größe bereits von Weitem auf. Und wenn dann noch ein großes Holzkreuz auf dem Kirchturm zu sehen ist, fühlen sich die Kommunisten mit ihren kleinen roten Fähnchen auf den Dächern ihrer Gebäude gehörig provoziert. Das Kreuz höher als die rote Fahne – das darf nicht sein!

Wenn dann – wie im Jahr 2015 – unter dem Schutz von 500 Polizisten ein Kreuz von einer Kirche entfernt wurde, kam es gelegentlich zu Rangeleien und Prügeleien von aufgebrachten Christen mit den Polizisten oder zu Schweigemärschen um die Kirchen, die dann für Schlagzeilen in den Tageszeitungen sorgten und damit bewiesen, dass beide Parteien die Bedeutung des Kreuzes nicht verstanden hatten.

EIN SCHUSS, DER NACH HINTEN LOSGEHT ...

Tatsache ist, dass die »Hauskirchen« (Untergrundkirchen) von diesen Aktionen selten betroffen sind, da sie nur selten eigene und große Gebäude besitzen, sondern sich meist in gemieteten Häusern, Hotels oder Fabrikräumen versammeln. In einem Fall versammeln sie sich sogar im Obergeschoss einer Polizeibehörde, wo außen ein Schild darauf hinweist, dass der Gottesdienst in der oberen Etage stattfindet! Die »illegalen« Gemeinden haben interessanterweise meist weniger Probleme und mehr Freiheiten als die »registrierten« Kirchen!

Interessant ist auch, dass durch diese Aktionen viele echte Christen aus den staatlich kontrollierten Drei-Selbst-Kirchen austraten, weil sie sich vom Staat und von der Kirchenleitung betrogen fühlten und sich deshalb den Hausgemeinden anschlossen. In einigen Fällen traten sogar ganze registrierte Gemeinden geschlossen aus diesem Verband aus, sodass diese Entfernung der Kreuze an manchen Orten sogar zu einer geistlichen Erweckung führte.

Übrigens gibt es überall noch einzelne Kirchen zu sehen, auf deren Turm nach wie vor ein großes Kreuz befestigt ist oder nach dem Abriss drei oder vier Meter unterhalb der Turmspitze neu befestigt wurde. Offensichtlich haben die Christen mit diesen kleinen optischen Veränderungen keine großen Probleme bekommen.

DIE NEUEN GEFAHREN

Es ist eine bekannte Erkenntnis aus der Kirchengeschichte, dass offene und aggressive Christenverfolgungen das geistliche Leben der Christen befruchtet haben. »Je mehr Druck, desto mehr Wachstum!«, pflegte Samuel Lamb zu sagen, der wegen seines Glaubens über 20 Jahre in Chinas Straflagern verbringen musste und 2013 im hohen Alter heimgegangen ist. Wenn wir ihn in den vergangenen

Jahren besuchten, erinnerte er uns immer wieder daran, dass der mäßige Druck vonseiten der Regierung ein »Segen« Gottes ist. Er prophezeite, wenn es in China einmal uneingeschränkte Freiheit für das Christentum gäbe, dann würde der Materialismus die geistliche Kraft und Hingabe der Christen brechen und die Gemeinden würden wie in Westeuropa und den USA verweltlichen.[5]

Diese Gefahr ist tatsächlich deutlich zu erkennen.

DER EINFLUSS DURCH VERWANDTSCHAFT UND GESELLSCHAFT

Diese Gefahr, die zu allen Zeiten und überall in der Welt auf Christen lauert, ist in China besonders akut, weil die chinesische Kultur dafür einen besonders günstigen Nährboden bildet. Der Einfluss der Familie bzw. der Sippe spielt in China eine enorme Rolle. Die Meinungen und Ratschläge der Eltern oder Verwandten werden sehr geachtet, und Autoritäten werden allgemein respektiert und geehrt.

Dadurch, dass die Eltern durch das Gesetz der »Ein-Kind-Familie« – das erst 2016 von der Regierung etwas gelockert wurde – fast durchgehend nur ein Kind haben, investieren die Eltern und oft noch die Großeltern enorm viel in ihren Nachwuchs – allerdings vor allem in die Bildung und den gesellschaftlichen und materiellen Status. Dahinter steht natürlich auch der Gedanke, dass das eine Kind als Erwachsener dann später als Gegenleistung auch die Eltern versorgt, wenn diese alt oder krank werden.

---

5 Siehe die sehr informative und bewegende Biografie über Samuel Lamb: Ken Anderson, *Niemals allein – Samuel Lamb, Verfolgung und Erweckung im Land des Roten Drachen*, Bielefeld, CLV 2008.

Wenn nun die Eltern oder Großeltern keine Christen sind, kann man sich vorstellen, welche Konflikte sich ergeben können, wenn das eine Kind – auch wenn es bereits erwachsen ist – Christ wird und biblische Prinzipien der Nachfolge Jesu für die Lebensgestaltung praktizieren möchte. Das stößt dann oft auf totales Unverständnis der Eltern, die sich verachtet und undankbar behandelt fühlen.

DAS »GESICHT« NICHT VERLIEREN!

In den letzten Jahrzehnten wurden Chinesen von klein auf vom Staat und von der Gesellschaft erzogen, Spitzenleistungen zu vollbringen und mehr oder weniger rücksichtslos die Karriereleiter zu erklimmen. Enormer Fleiß, Ehrgeiz, Selbstbeherrschung und Zielstrebigkeit werden gefordert und gefördert. Leider führte das aber auch zu Egoismus, Materialismus und Rücksichtslosigkeit. Als weitere Folge können dazu schnell auch die Neigung oder Versuchung zur Bestechlichkeit, Unehrlichkeit, Unaufrichtigkeit und Heuchelei hinzukommen.

Diese Entwicklung wird inzwischen auch von Politikern erkannt. So werden inzwischen immer mehr Stimmen von nichtchristlichen Sozialforschern und Politikern laut, die für die chinesische Gesellschaft eine neue Ethik fordern, weil Bestechung, Vetternwirtschaft und Korruption auf fast allen Ebenen praktiziert wird.

WAS WIRD AUS DER NÄCHSTEN GENERATION?

Aber nicht nur der Druck im Beruf, sondern auch die Erwartung, in der Gemeinde aktiv zu sein, kann das Ehe- und Familienleben und auch das persönliche Glaubensleben gefährden.

Wöchentliche evangelistische Hauskreise, Gebetsstunden, Seminare usw. lassen in vielen Gemeinden, die Jüngerschaft betonen, kaum Raum und Zeit für die Pflege von Ehe und Familie. Der hier entstehende Leistungsdruck kann zudem dazu führen, dass kaum noch Zeit und Kraft für die persönliche Gemeinschaft mit dem Herrn bleibt.

Die Norm ist, dass beide Eltern arbeiten, um das nötige Geld zu verdienen und die Wünsche des einen Kindes zu erfüllen. Das eine Kind aber wird von klein auf vom Staat erzogen und sieht die Eltern in der Regel nur kurz während des Abends. Mit dem Eintritt in die Schule kommen dann mit den Jahren enorme Hausaufgaben dazu. Wie schwer es dann ist, diese heranwachsende Generation für den Herrn und die Gemeinde zu gewinnen, liegt auf der Hand. Daher fehlen in manchen Gemeinden Kinder, Teenies und Jugendliche – oft auch mit der Begründung, dass diese für Unruhe sorgen und die Konzentration auf die Predigt oder Bibelarbeit stören könnten.

EINE NEUAUFLAGE DER KULTURREVOLUTION?

Wenn man einigen christlichen Medien Glauben schenken kann, dann befinden sich seit 2013 die vielen Christen in China in einer Verfolgungssituation, die noch heftiger ist als zur Zeit der Kulturrevolution unter Mao Tse-tung.

So zitiert das »Asia Harvest Team« einen chinesischen Gemeindeleiter:

»Die Dinge hier sind wie in Maos Tagen! Wir hätten nie gedacht, dass wir zu solch einer Zeit zurückkehren würden. Die jüngere Generation von Gläubigen hat niemals schwere Verfolgung erfahren, und sie sind erschüttert. Bitte bete, dass sie geduldig ausharren werden und ihr Glaube geprüft und wie reines Gold erfunden wird.«

»Gemeindeleiter, mit denen wir arbeiten, sagten uns, dass die Lage noch schlimmer sei als zur Zeit der Kulturrevolution.«

Weiter wird dort berichtet, dass Hunderte von Pastoren der »Hausgemeinden« verschwunden sind und man vermutet, dass viele davon umgebracht wurden. Andere wären in »schwarzen Gefängnissen« inhaftiert und würden dort erbarmungslos gefoltert, während ihre Familien nichts über sie erfahren.

Das »Christliche Medienmagazin pro« berichtete am 8. 8. 2018:

»Die Hilfsorganisation für verfolgte Christen, ›Open Doors‹, kritisiert die ›zunehmend harte Vorgehensweise der Regierung und Behörden in China gegen die Kirchen‹. Diese erinnere an die Jahre unter Mao Tse-tung, erklärte das Hilfswerk auf Anfrage. Razzien und Verhaftungen in Gottesdiensten, Schließungen und Abrisse von Kirchen unterstrichen die Entschlossenheit von Staatschef Xi Jinping, seine Forderung nach der Unterordnung der Kirchen unter die kommunistische Führung durchzusetzen.«

»Open Doors« selbst setzt China in ihrem aktuellen »Weltverfolgungsindex 2020« auf Platz 23 bei den »Verfolgerstaaten« – also weit vor der Türkei, Kasachstan, Nepal, Katar usw. – und berichtete und zitierte aus einer Petition vom 30. August 2018, die von 279 Unterzeichnern aus 21 Provinzen an die Regierung gerichtet wurde:

MASSIVSTE EINGRIFFE SEIT DER KULTURREVOLUTION

In dem Papier fordern sie die Regierung auf, ihre »gewalttätigen Übergriffe« einzustellen. Derartiges habe es »seit der Kulturrevolution nicht mehr gegeben«. Beispielhaft werden in der Petition die Zerstörung von Kreuzen auf Gebäuden genannt, weiterhin der erzwungene Beitritt von

Gemeinden zu staatlich kontrollierten religiösen Organisationen, das erzwungene Singen von Liedern zur Verherrlichung des Staates, die Verweigerung der Versammlungsfreiheit und einiges mehr. In der Provinz Henan mussten zwei Drittel der Kirchen schließen, über 7000 Kreuze wurden auf behördliche Anweisung hin zerstört.

Eine Anzahl ähnlicher Berichte kann man im Internet nachlesen.

WIE KANN MAN DIESE NACHRICHTEN EINORDNEN?

Es ist richtig, dass in einigen Provinzen die Kreuze von den staatlich kontrollierten Drei-Selbst-Kirchen entfernt wurden. Davon haben wir bereits berichtet.

Richtig ist auch, dass wohl alle Straßen, Gebäude und Plätze videoüberwacht sind und auch immer mehr Kameras mit Gesichtserkennung installiert werden. Wobei argumentiert wird, dass mit diesen Maßnahmen die Kriminalität in China sehr stark nachgelassen habe ...

Von betroffenen Christen wurde uns bezeugt, dass sie vermehrt Anrufe von der Partei oder von Vorgesetzten bekommen, die nach ihrer Haltung zum Staat und zur Religion Fragen stellen.

Im Internet kann man Videos sehen, wo Sicherheitsbeamte große illegale Gemeinden aufsuchen und die Gemeinde auffordern, sich staatlich registrieren zu lassen. Auch Festnahmen und Handgemenge kann man deutlich erkennen.

Auf einigen Videos kann man auch sehen und hören, wie bei einer solchen Aktion der Pastor einer großen Gemeinde die versammelten Mitglieder auffordert, diesen Auftritt per Handy aufzunehmen und zu verbreiten. Bei den Wortgefechten vor dem Publikum werden die Beamten ausgelacht und die Argumente des

Pastors mit großem Beifall bedacht. Schließlich werden Fahnen schwenkend und tanzend die Beamten »niedergesungen«, während die anwesenden Polizisten peinlich berührt den Kopf senken und die Gemeinde lautstark ihren »Sieg« feiert.

Richtig ist auch, dass in Peking mindestens zwei bekannte, große »Untergrund-Gemeinden« von der Polizei geschlossen wurden, weil sie öffentlich gegen die Kontrolle des Staates und für ihre gesetzlich festgeschriebene Religionsfreiheit demonstriert haben.

DIE ANDERE SEITE DER MEDAILLE

Tatsache ist aber auch, dass wir im August 2019 in der Provinz Zhejiang mehrere Gemeinden besucht haben und vor einem Publikum von jeweils ca. 100 bis 400 Christen das Wort Gottes verkündigen konnten, ohne dass es irgendwelche Probleme gab.

Zusätzlich konnten wir in den vergangenen Jahren an Freizeiten für Studenten teilnehmen, die jung im Glauben waren. Die Freizeiten fanden teilweise auf einem sehr schönen und großen staatlichen Freizeitgelände statt. Wir konnten die Bibelarbeiten halten, es wurde gesungen – es gab keine Störungen.

KREATIVE EVANGELISATION

Wir haben viele Gemeindeleiter, die nicht nur aus einer Provinz kamen, nach ihrer aktuellen Einschätzung der Situation gefragt. Alle bestätigen, dass sie natürlich unter Beobachtung stehen, aber keiner von ihnen irgendwie im Dienst eingeschränkt ist.

Einige von ihnen sind Ärzte oder Professoren an der Uni. Ihr Christsein ist allen Kollegen bekannt, und sie wurden wegen ihrer guten Arbeit befördert, weil sie grundsätzlich Bestechung ablehnen und jeden Patienten gleich gut behandeln.

Ein langjähriger Freund von uns, der als Professor in der Gehirnforschung tätig ist und an einer großen Universität unterrichtet, hat an seiner Uni neben seinem Fachbereich ein zusätzliches Seminar mit dem Thema »Leben mit Perspektive« angeboten und genehmigt bekommen. Es haben sich etwa 1000 Studenten dafür angemeldet, obwohl er nur für etwa 30 Studenten Platz hat.

Bei seinen Vorlesungen über ethische Fragen und Lebenshilfe zitiert er oft Zitate aus der Bibel, ohne die Quelle mit Namen zu nennen. Die Studenten bekommen dann die Aufgabe, diese Verse – meist aus den Sprüchen und Prediger – auswendig zu lernen, was diese Studenten mit Fleiß tun, um die nötigen Punkte zu bekommen, aber auch weil der Professor sehr beliebt und das Thema für sie äußerst interessant ist.

So kommt es, dass außerhalb der Vorlesungen immer wieder Studenten ihn persönlich aufsuchen, eine Menge Fragen stellen, dann mit der Bibel und mit dem Evangelium vertraut gemacht werden. Manche von ihnen sind inzwischen zum Glauben kommen, haben sich taufen lassen und sind einer Gemeinde beigetreten.

OFT EINSEITIGE, VERZERRTE MELDUNGEN

China ist bekanntlich ein enorm großes Land, und unsere Erfahrungen, die wir seit 2004 gemacht haben, indem wir jährlich mindestens einmal China besucht haben, sind sicher nicht repräsentativ für das ganze Land.

Dennoch wage ich eine Einschätzung – auch wenn sie sich auf die Erfahrungen in den Großstädten im Südosten des Landes stützen und wir kaum Erfahrung mit den ländlichen Provinzen im Norden Chinas gemacht haben:

Untergrundkirchen (also illegale, nicht registrierte Gemeinden) bekommen dann Probleme, wenn sie durch öffentliche Aktionen oder Demonstrationen auf sich aufmerksam machen, sich kritisch zur Regierung äußern und aggressiv ihre Rechte auf Religionsfreiheit einfordern.

Illegale Gemeinden aber, die in ihrer Verkündigung bewusst auf politische Themen verzichten und deren Mitglieder ansonsten fleißige und loyale Arbeiter und ehrliche Steuerzahler sind, werden natürlich überwacht, bekommen aber mit wenigen Ausnahmen keine Probleme.

Unser Eindruck ist, dass gewisse unsachliche, übertriebene Meldungen über Christenverfolgungen in China oft nicht von Leuten verbreitet werden, die China besucht haben, sondern aus zweiter oder dritter Hand stammen und ein einseitig gefärbtes, verzerrtes Bild liefern.

WAS TATSÄCHLICH SORGEN BEREITET …

Die Bildungs- und Familienpolitik unserer Bundesregierung, welche die »Ganztagsbetreung« unserer Kinder in Schulen und Kitas zum Ziel hat, mit der Absicht, *»die Lufthoheit über unseren Kinderbetten zu erobern … um eine kulturelle Revolution zu erreichen«* (so der Finanzminister Olaf Scholz im Jahr 2002)[6], ist in China schon lange durchgesetzt worden.

In den vergangenen Jahren haben wir uns bei unseren Besuchen in China immer gewundert, warum so gut wie keine Kinder und Jugendlichen in den Gemeinden zu sehen sind. Lange Zeit haben wir geglaubt, dass es an der Tatsache der »Ein-Kind-Familie« liegt. Inzwischen sind aber auch zwei Kinder erlaubt, und wahrscheinlich wird das nicht viel ändern, weil die chinesische Regierung Ganztagsbetreuung von der Kita an schon längst eingeführt hat. Die Schüler kommen meist erst um 18 Uhr nach Hause und müssen dann oft noch bis 21 Uhr Schularbeiten machen, bevor sie ins Bett gehen.

Die Eltern sind fast ausschließlich beide berufstätig – bisher haben wir in den Gemeinden nur ein Ehepaar kennengelernt, wo der Vater zu Hause bleibt, um das Kind zu betreuen. Für die Ehefrauen und Mütter ist es so selbstverständlich, dass sie arbeiten gehen und die Kinder mehr oder weniger vom Staat erzogen wer-

---

6 So Olaf Scholz am 3. 11. 2002 im Deutschlandfunk.

den, dass der Vorschlag, sie mögen doch ihre Aufgabe als Ehefrau und Mutter zu Hause wahrnehmen, ihnen wie eine Schmach und Minderwertigkeitsbescheinigung vorkommt. Das ist leider auch bei den Christen nicht anders, weil es scheinbar so zur gegenwärtigen chinesischen Kultur gehört.

Bevor die Schüler das Abitur machen, werden viele von ihnen drei Jahre lang zuvor in einem Internat untergebracht, wo in dieser Zeit die Eltern so gut wie keinen Einfluss mehr auf die Bildung und Erziehung ihrer Kinder haben.

Also genau in den Jahren, in denen Entscheidungen getroffen und Lebensweichen gestellt werden, stehen die Eltern abseits und müssen zusehen, wie ihre Kinder für völlig andere Lebensinhalte und Lebensziele erzogen und unterwiesen werden, als sie es als Christen wünschen.

Zum Glück gibt es an vielen Universitäten, wo diese jungen Leute aus christlichen Elternhäusern meist später studieren, eine intensive und gesegnete evangelistische Studentenarbeit. Dort finden manche Studenten zu dem Glauben ihrer Eltern zurück.

Aber ein großer Teil von ihnen hat mit dem Studium zunächst einmal alle Brücken zum christlichen Glauben hinter sich gelassen.

Eine kleine Nebenbemerkung:

Als wir einen uns seit Jahren gut bekannten, gläubigen Augenarzt fragten, warum fast alle Kinder, die wir sehen, eine Brille tragen, bekamen wir eine kurze, schmerzhafte Antwort zu hören:

»Sie sind alle kurzsichtig, weil sie nicht mehr gewöhnt sind, in die Ferne zu schauen. Sie sitzen den ganzen Tag vor ihren Monitoren oder Schulbüchern, haben keine Zeit oder Gelegenheit, auf einen Spielplatz zu gehen oder in einem Wald herumzutollen, und werden daher alle kurzsichtig.«

Der unglaubliche Leistungsdruck der Gesellschaft und oft auch der Eltern, zusätzlich die starke Beeinflussung durch digitale Medien schon im Kindesalter, wirken sich enorm auf die Charakterbildung und die Lebensziele aus.

Beten wir für China und beten wir für Deutschland, dass uns in unserem Land eine ähnliche Entwicklung – was Erziehungs- und Familienpolitik betrifft – erspart bleibt, oder aber wir uns nicht zu spät auf solche Zeiten vorbereiten.

WAS WIRKLICH WICHTIG IST

Die wichtigsten Themen bei unseren Gemeindebesuchen in China sind zurzeit: Umgang mit der Sexualität, Ehe, Kindererziehung, Notwendigkeit der Kinder- und Jugendarbeit, Umgang mit Zeit und Geld, Lebensziele, Charakterbildung – was die Bibel dazu sagt.

Für Chinesen, die in einer Schamkultur aufwachsen, sind das Themen, über die man eigentlich nicht spricht, die aber brennend interessieren. Die Bibel bietet für alle diese wichtigen Themen eine Menge Beispiele und deutliche Anweisungen. Es ist eine Freude zu erleben, mit welcher Dankbarkeit die Geschwister zuhören und bereit sind, sich von Gottes Wort neu prägen und justieren zu lassen und auch das Vorbild unseres Herrn zum Maßstab zu nehmen.

Die Erweckung in China geht weiter. Viele – meist junge Menschen und Studenten – kommen zum Glauben an den Herrn Jesus und zeigen ein großes Interesse an Gottes Wort. Ihr anerzogener Lerneifer und Fleiß hilft ihnen, die Bibel zu studieren und Zeit dafür zu investieren.

Viele Gemeinden wachsen enorm, und von Jahr zu Jahr entstehen neue Gemeinden. Die große Sorge und Frage ist, wie es mit der nächsten Generation aussieht, wenn vor allem die Ehepaare nicht bereit sind oder nicht angeleitet werden, ihre von Gott bestimmten Aufgaben wichtiger zu achten, als dem Karrieredruck nachzugeben.

»Die ursprüngliche Vision nicht vergessen und den Auftrag nicht aufgeben!«

Dieser Appell ist keine schlechte Übersetzung der Worte des Apostels Paulus an Timotheus, auch nicht ein ermutigender Spruch irgendeines Motivations-Trainers, sondern eine Tageslosung des Staatspräsidenten Xi Jinping. Diese Worte waren auf einem riesigen Plakat an einem Flughafen zu lesen. Jedes Mitglied der Kommunistischen Partei Chinas bekommt täglich eine Parole Xi Jinpings online übermittelt und wird ermutigt, dessen Impulse zu meditieren und zu kommentieren, um damit seine Parteitreue zu bezeugen und »Punkte« zu sammeln.

Xi Jinping, der als Staatspräsident und Generalsekretär der Kommunistischen Partei Chinas (KPCh) mit einer enormen Machtfülle ausgestattet wurde und eine interessante Vergangenheit hat, scheint neben der Bekämpfung der Korruption auch die Stärkung einer patriotischen Gesinnung beim chinesischen Volk auf seine Fahne geschrieben zu haben.

Es ist gut möglich, dass das enorme Wachstum der Christen im Land – die zurzeit geschätzt etwa 10 % der Bevölkerung ausmachen – Anlass zu dieser Maßnahme gegeben hat. Immerhin hat die Kommunistische Partei nur ca. 6,5 % der Chinesen als Mitglieder in ihren Reihen, wovon nicht wenige auch Christen sind, die aber aus verschiedenen Gründen ihren Parteiausweis nach ihrer Bekehrung nicht abgegeben haben ...

Das Wachstum der Christen und der damit verbundene Einfluss auf die Bevölkerung scheint jedenfalls für die Staatsführung ein Unsicherheitsfaktor zu sein, dem man etwas entgegensetzen muss.

SCHLIMMER ALS UNTER MAO?

Wenn allerdings westliche Medien von einer grausamen Christenverfolgung in China berichten, die noch schlimmer sei als unter Mao zur Zeit der Kulturrevolution, dann entspricht das nicht der Wirklichkeit. Wer China ein wenig kennt, weiß, dass solche Nachrichten schlicht falsch sind.

Die chinesischen Christen sind bestens informiert und vernetzt. Jeder Missgriff der Behörden wird sofort per Internet landesweit verbreitet, bevor der Staat Stunden später diese Nachrichten löschen oder blockieren kann.

Ja, die Überwachung hat stark zugenommen. Überall sind Kameras montiert, immerhin mit dem positiven Ergebnis, dass die Kriminalität spürbar abgenommen hat. Aber das macht den meisten Christen keine große Sorgen: *»Wir haben nichts zu verbergen, jeder kann wissen, was wir sagen und tun, und vor Gott können wir ohnehin nichts verbergen.«*

Wie bereits erwähnt, befindet sich die weltgrößte Bibeldruckerei in Nanjing, wo etwa 75 % aller weltweit benutzten Dünndruckbibeln gedruckt und weltweit versandt werden.

ACHTUNG KONTROLLE!

Bevor wir im Juli 2019 nach China flogen, wurden wir gewarnt: Die Kontrollen hätten stark zugenommen, Handys würden nach Adressen usw. untersucht. Nichts dergleichen haben wir erlebt. Die Passkontrolle in Peking dauerte keine drei Minuten, und das Gepäck wurde nicht geöffnet.

Wie kann man diese sich scheinbar widersprechenden Nachrichten und Erfahrungen erklären?

Nachdem wir uns mit vielen leitenden Brüdern intensiv ausgetauscht haben, die jeweils in den Gemeinden Verantwortung tragen und auch über die politische Situation im Land informiert sind, ist unsere subjektive, momentane Einschätzung folgende:

Die kommunistische Staatsführung (wobei wir den Eindruck haben, dass es inzwischen kaum noch einen überzeugten »Kommunisten« in China gibt) hat Sorge, dass die verschiedenen Völker, Minderheiten und Religionen in diesem riesigen Land jede Menge staatsfeindliche Konflikte auslösen könnten. Um diese ca. 1,4 Milliarden Menschen einigermaßen unter einen Hut zu bringen, wird dringend – wie damals im alten Rom – ein vereinigendes Element benötigt, und das scheint man mit dem neuen, stark geförderten chinesischen Patriotismus zu versuchen.

Die verschiedenen Religionen scheinen mehr oder weniger staatsfeindlich eingestuft zu sein, wobei der Islam den Chinesen wohl am meisten Probleme macht. Bürger oder Einreisende mit diesem Hintergrund werden genauestens und streng kontrolliert und beobachtet.

Eine weitere Sorge scheint der Buddhismus in China zu sein. Jedenfalls wurden in letzter Zeit große, in die Augen fallende buddhistische Monumente abgerissen oder zerstört.

Natürlich scheinen dann auch die enorm wachsenden christlichen Gemeinden eine potenzielle Gefahr zu sein, besonders dann, wenn sie sich politisch äußern.

DIE WENIGSTEN PROBLEME HABEN DIE »KLEINEN«

Pauschal kann man sagen: Von den christlichen Gemeinden haben die registrierten Drei-Selbst-Kirchen die größten Probleme. Sie werden vom Staat überwacht, mussten teilweise von ihren Kirchtürmen die Kreuze entfernen oder niedriger befestigen, die rote Fahne der Kommunisten für alle sichtbar platzieren und werden auch aufgefordert, im Gottesdienst die Nationalhymne zu singen. Weiterhin ist ihnen jede Art von Kinder- und Jugendarbeit verboten, was auch ein Grund dafür ist, dass man in den meisten Gemeinden Kinder und Teenies vermisst.

Probleme bekommen teilweise auch solche illegalen Gemeinden (»Untergrundkirchen«), welche eigene und große Gemeindehäuser besitzen. Sie werden vermehrt aufgefordert, sich registrieren zu lassen, die rote Fahne zu hissen und sich als treue, staatsfreundliche Patrioten zu verhalten.

Weniger Probleme haben dagegen die illegalen Gemeinden, die keine eigenen Häuser besitzen, sondern sich in gemieteten Räumlichkeiten oder Privathäusern versammeln. Sie wechseln dann oft ihr Quartier, um nicht zu sehr aufzufallen, und teilen sich, wenn sie mehr als etwa 100 bis 150 Mitglieder haben. In diesen Gemeinden konnten wir während unseres Aufenthaltes täglich Vorträge halten, ohne Schwierigkeiten zu bekommen.

Aber es gibt auch vereinzelt große, nicht registrierte Gemeindehäuser, die man im Westen »Mega-Kirchen« nennen würde. So wurden wir eingeladen, beim nächsten Besuch eine »illegale« Kirche der »Little Flock«-Bewegung zu besuchen, die tatsächlich mehr als 5000 Mitglieder mit einem riesigen Gemeindehaus in einer ländlichen Umgebung hat. Dort hat vor Jahren eine große Erweckung stattgefunden, und die Mehrheit der Bevölkerung scheint aus wiedergeborenen Christen zu bestehen.

Es ist sicher wichtig zu erwähnen, dass es inzwischen auch in den Drei-Selbst-Kirchen echte, bibelgläubige Pastoren und Älteste gibt, die unbedingt ein geistliches Anliegen haben. Auch wenn sie in der Minderheit sind und Kompromisse machen, sehen sie ihre Platzanweisung dort, um Menschen für Christus zu gewinnen.

Auch wenn der Vergleich etwas hinkt, könnte man diese Männer mit bibel- und bekenntnistreuen Pastoren in der Evangelischen Kirche in Deutschland (EKD) vergleichen, die mit der gleichen Motivation in ihrer Kirche bleiben, welche sich offiziell und mit wenigen lokalen Ausnahmen weithin von ihren eigenen Bekenntnissen und vor allem von den biblischen Lehren und Prinzipien verabschiedet hat.

ZAHLEN

Da es kaum gesicherte Zahlen gibt – besonders, was die nicht registrierten Hausgemeinden betrifft –, geht man von folgenden Schätzungen aus:

- Die protestantische Drei-Selbst-Kirche hat nach eigenen Angaben (2018) etwa 38 Millionen Mitglieder.
- Die römisch-katholische Drei-Selbst-Kirche hat ca. 12 Millionen Mitglieder.
- Die nicht registrierten Hauskirchen haben nach grober Schätzung 100 - 120 Millionen Mitglieder. Da diese Kirchen aus Sicherheitsgründen meist keine Mitgliederlisten führen und nur teilweise durch Netzwerke verbunden sind, gibt es hier keine verbindlichen Zahlen.
- Interessant ist auch, dass es auch eine römisch-katholische Hauskirchenbewegung gibt, welche die Bischöfe der katholischen Drei-Selbst-Kirchen nicht anerkennt.

»HÄNGT DOCH WENIGSTENS DIE ROTE FAHNE AUF ...!«

Das folgende aktuelle Beispiel macht deutlich, dass die Regierung unter Xi Jinping große Anstrengungen unternimmt, die illegalen Hauskirchen zu überreden, sich registrieren zu lassen:

Wir saßen im Sommer 2019 mit einem Ältesten einer »Little Flock«-Gemeinde zusammen. Er berichtete, dass sie zurzeit eine Kinderfreizeit mit ca. 120 Kindern in ihrem Gemeinderaum mitten in der Millionenstadt durchführen. Natürlich führen sie ihr Programm nur in ihren Räumen durch und hüten sich davor, nach draußen zu gehen, um nicht zu sehr aufzufallen.

Vor wenigen Tagen sei aber eine Abordnung von Beamten gekommen, um zu beanstanden, dass es sich hier um eine verbotene Veranstaltung handele, was unser Bruder zugab. Nun versuchten die Beamten ihn zu überreden, sich doch mit seiner Gemeinde registrieren zu lassen, diesen Vorschlag lehnte er entschieden ab. Dann möge er doch wenigstens die rote Fahne im Versammlungshaus aufhängen und die Nationalhymne singen lassen – doch auch das konnte unser Bruder nicht zusagen.

Schließlich wurden die Beamten etwas leiser und meinten vertraulich: *»Wir haben ja nichts gegen euch. Wir wissen doch, dass ihr gute Leute seid. Bitte verhaltet euch ruhig, damit ihr nicht zu sehr auffallt. Wir lassen euch so lange in Ruhe, wie wir keinen Druck von unse-*

ren übergeordneten Funktionären bekommen. Sollte das aber der Fall sein, dann müssen wir leider euer Haus schließen, auch wenn uns das persönlich leidtut!«

Mit diesen Worten haben sie sich dann freundschaftlich verabschiedet.

Ein guter Freund, der ein bekannter Professor an einer großen Universität und gleichzeitig entschiedener Christ und Leiter einer »Untergrundgemeinde« ist, sagte uns bei seinem Besuch etwa Folgendes:

»Die derzeitige diktatorische, sozialistische Staatsführung ist die einzig vernünftige Politik, die gegenwärtig das Land China erfolgreich regieren kann.«

KEIN PLÄDOYER FÜR XI JINPING!

Diese sicher selektiven und subjektiven Eindrücke sollen kein Plädoyer für Xi Jinping und seiner Politik zur »Sinisierung« der Gesellschaft sein. Aber immerhin hat er als junger Mann am eigenen Leibe die Grausamkeit Maos und der Kulturrevolution erlebt.[7] Er kennt die Geschichte Chinas bestens und ist kein kleingeistiger Politiker. Mit seiner Politik hat er endlich erreicht, dass alle Chi-

---

7 Der 1953 geborene Xi Jinping war 13 Jahre alt, als die Katastrophe der Kulturrevolution seinen Lauf nahm. Zwei Jahre später erlebte er, wie die Roten Garden Mao Tse-tungs seinen Vater, der als hoher, privilegierter Parteifunktionär in Ungnade gefallen war, nun mit seiner Familie schikanierten und demütigten. Xi floh daraufhin aufs Land, wo er einige Jahre als Landarbeiter lebte und – wie berichtet wird – in einer Höhle wohnte.
1974 trat Xi Jinping der KPCh bei und studierte von 1975 bis 1979 in Peking Chemieingenieurwesen und später marxistische Philosophie und promovierte zum Doktor der Rechte. Er machte in der Partei Karriere, wurde schließlich Parteichef in Shanghai und wurde 2007 in den Ständigen Ausschuss des Politbüros der KPCh gewählt. Ein Jahr später wurde er Vizepräsident der Volksrepublik und galt damit als designierter Nachfolger von Hu Jintao. Am 14. März 2013 wurde Xi vom Nationalen Volkskongress zum neuen Staatspräsidenten der Volksrepublik China ernannt.
Es wird von ihm berichtet, dass er sich erschrocken über »den Verlust an ideologischer Glaubwürdigkeit« Konfuzius angenähert hat. Xi nannte Konfuzius und seine Lehre einen »wichtigen Bestandteil unserer traditionellen Kultur« und empfahl der Nation,

nesen inzwischen eine Krankenversicherung haben und jeder Anspruch auf eine Rente besitzt, wofür er bei seinen Bürgern allgemein geschätzt wird.

Er wird wahrscheinlich wissen, dass es sich bei den meisten chinesischen Christen um loyale Staatsbürger handelt, die Korruption ablehnen, fleißig sind und ehrlich ihre Steuern zahlen. Solange sie sich nicht in die Politik einmischen, wird er sich nach meiner Einschätzung nicht auf eine Verfolgung vorbildlicher Bürger einlassen, sondern sie beobachten, hoffentlich dulden und mit mäßigem Druck ungewollt ihr Wachstum fördern.

Welche Auswirkungen die Corona-Pandemie, die sich (nach derzeitigem Kenntnisstand) wahrscheinlich von China aus verbreitet hat und zu einem weltweiten Problem geworden ist, auf Xi Jinpings Ruf und Politik hat, wird sich zeigen.

Die Tatsache, dass der Ausbruch der Pandemie im Dezember 2019 in Wuhan zunächst verschwiegen und verschleiert wurde, hat auf jeden Fall im Land selbst und in der Welt das Image Xi Jinpings und seiner Regierung stark angekratzt. Die enormen wirtschaftlichen Folgen sind noch nicht abzusehen, aber haben sicher zunächst einmal dazu geführt, dass das Wachstum der Christen und ihr Einfluss im Land nicht mehr zu den größten Problemen der chinesischen Politiker gehören.

---

wieder das Konfuzius-Hauptwerk »Lunyu« (»Die Gespräche«) zu lesen. Inzwischen wird in China das Studium nationaler Traditionen und Philosophien gefördert.
Obwohl es ein Staatsmonopol auf Erziehung gibt, tolerierte die Regierung, dass private Volksschulen (Sishu) gegründet wurden, die konfuzianische Lehren unterrichten. Inzwischen gibt es etwa 3000 solcher Schulen in China.
Es könnte sein, dass Xi Jinping den moralischen Werteverlust und die enorme Korruption in China u. a. mit der Ethik und den Lebensregeln des Konfuzius zurückzudrängen versucht. Vielleicht ist das auch damit gemeint, wenn von der »Sinisierung Chinas« durch Xi Jinping die Rede ist.

»JE MEHR DRUCK, DESTO MEHR WACHSTUM!«

Erinnern wir uns an diese Worte von Samuel Lamb.

Wahrscheinlich wird der Druck für die Christen in den kommenden Monaten nicht so sehr in Form von Verfolgung spürbar werden, sondern mehr in den wirtschaftlichen und sozialen Veränderungen bestehen.

In den ersten Monaten der Corona-Krise in China haben sich an vielen Orten die Christen dadurch ausgezeichnet, dass sie nicht nur den Glaubensgeschwistern, sondern auch ihren Mitmenschen praktische Liebe gezeigt haben. Nachbarn wurden Lebensmittel gebracht. Menschen, die aufgrund von Ausgangssperren keine Unterkunft hatten, wurden von Christen aufgenommen und erlebten die praktischen Auswirkungen echten Christseins. Es wurde wieder mehr gebetet, und der Wert und der Segen der Familie und der christlichen Gemeinschaft wurde neu schätzen gelernt.

Aus dem Norden Chinas hört und liest man aktuell von Gebetsnächten, zu denen sich jeweils Gruppen von Christen zusammengeschlossen haben, und von zahlreichen Bekehrungen und Taufen, die stattfinden. Vielleicht sind diese guten Nachrichten schon Vorboten einer neuen Erweckung, die der Herr in China, aber auch in unseren Breitengraden wirken möchte.

LEBENSZIELE UND PRIORITÄTEN NEU ÜBERDENKEN!

In dem bekannten Gleichnis von dem Sämann und dem »vierfachen« Ackerfeld berichtet unser Herr von dem guten Samen des Wortes Gottes, das unter die Dornen gesät und von aufschossenden Dornen erstickt wurde. Anschließend erklärte er den fragenden Jüngern, wie dieses Bild zu deuten ist, und sagte ihnen:

»Das sind solche, die das Wort gehört haben, und die Sorgen der Welt und der Betrug des Reichtums und die Begierden nach den übrigen Dingen kommen hinein und ersticken das Wort, und es bringt keine Frucht« (Markus 4,18-19).

Vielleicht benutzt Gott die durch Corona ausgelöste weltweite Krise in China, aber auch in den deutschsprachigen Ländern, um uns Christen zu einem Überdenken unserer Lebensziele und Prioritäten zu bewegen. »Der Betrug des Reichtums« – die Illusion, dass Wohlstand glücklich macht – ist auch für uns Christen in Ost und West eine akute Gefahr und dürfte uns in dieser Krise bewusst geworden sein.

Aber auch »die Sorgen des Lebens«, die mit schwindendem Wohlstand aufkommen können, können das geistliche Leben ersticken.

Möge Gott uns vor beiden Gefahren bewahren und uns den wahren und unvergänglichen Reichtum in unserem Herrn Jesus und seinem Wort nicht nur neu bewusst machen, sondern unser kurzes Leben zu einer radikalen Hingabe und Nachfolge anspornen.

E X K U R S

EIN FOLGENSCHWERES MISSVERSTÄNDNIS: DER »BLITZ AUS DEM OSTEN«

»DIE KIRCHE DES ALLMÄCHTIGEN GOTTES«

UM DES GLAUBENS WILLEN VERFOLGTE CHRISTEN IN DEUTSCHLAND?

Immer wieder kommt es in Gemeinden wie auch in einzelnen konservativen Zeitschriften zu einem folgenschweren Missverständnis. Man setzt voraus und glaubt, dass gewisse Chinesen, die angeblich nach Deutschland geflohen sind, weil sie um des Glaubens willen verfolgt wurden, auch tatsächlich verfolgte Christen sind.

Angeblich droht ihnen in China nicht nur eine lange Haftstrafe, sondern unter Umständen sogar auch die Todesstrafe. Diese »Christen« werden oft in konservativen Kreisen herzlich aufgenommen, weil man sie für treue, verfolgte Glaubensgeschwister hält. In Wirklichkeit gehören sie aber der sektiererischen »Kirche des Allmächtigen Gottes« an, die sich zwar als christlich ausgibt, aber teilweise gefährliche, manche behaupten sogar: kriminelle Züge trägt.

Gegründet wurde diese Sekte wahrscheinlich um das Jahr 1991 von Zhao Weishan, der vorher Leiter eines unabhängigen Arms der sektenähnlichen Gruppe von Gemeinden war, die von Witness Lee abstammen und in China wegen ihrer sehr lautstarken, emotionalen Veranstaltungen als »Schreier« bekannt sind.

Dieser Zhao Weishan behauptet, dass Christus bereits in der Person einer jungen Frau wiedergekommen sei und das neue »Zeitalter des Königreiches« begonnen hat. Neben der Bibel, die nach ihrem Verständnis Fehler enthält, gilt für die Anhänger die Schrift »Das Wort erscheint im Fleisch« als Sammlung der persönlichen, verbindlichen Äußerungen des »Allmächtigen Gottes« in der gegenwärtigen Zeit.

Zu ihren Überzeugungen gehört wohl, dass sie behaupten, dass mit Jesu Opfer am Kreuz die Sünden der Menschen zwar vergeben sind, dabei aber ihre sündige Natur nicht beseitigt worden ist. In diesem neuen Zeitalter jedoch arbeite der Allmächtige Gott daran, diese sündhafte Natur zu vernichten. Nur diejenigen, welche durch die Beseitigung ihrer sündhaften Natur gereinigt seien, würden die kommenden Katastrophen überleben und für immer auf der Erde leben, die zum Paradies transformiert werde.

Sie sehen ihre Aufgabe darin, die chinesische Regierung als den »großen roten Drachen« zu bekämpfen und sich in die Hauskirchen einzuschleichen, um dort mit teilweise unguten Methoden Anhänger für ihre Sekte zu gewinnen.

Ein Beobachter dieser Sekte kommt zu folgender Beurteilung:

»In der Lehre dieser Glaubensgemeinschaft werden christliche Elemente mit Elementen aus der chinesischen Volksfrömmigkeit vermischt und um Neuoffenbarungen ergänzt.«

Ob allerdings die Methoden von Kidnapping, Einsatz von Drogen, Schlafentzug, sexueller Verführung und Erpressung tatsächlich genutzt wurden, um Gemeindeleiter der Hauskirchen zum Übertritt zu zwingen, ist umstritten.

Diese Sekte wird von der Regierung Chinas radikal bekämpft. Nach Angaben der Regierung seien in den letzten Jahren Tausende von Mitgliedern festgenommen worden, die mit harten Strafen, Folter und Lagerhaft rechnen mussten.

Die Gruppe selbst spricht von 400 000 (Stand 2014) inhaftierten Mitgliedern in China. Die harte Verfolgung dieser Gruppe vonseiten der Regierung führte dazu, dass Tausende Mitglieder nach Südkorea, USA, Frankreich, Deutschland usw. geflohen sind, um in diesen Ländern Asylrecht zu bekommen.

Nach eigenen Angaben hat diese Bewegung weltweit ca. 3 - 4 Millionen Mitglieder.

DIE HALTUNG DER HAUSKIRCHEN UND DER DREI-SELBST-KIRCHEN

Die Hauskirchen in China und natürlich auch die Drei-Selbst-Kirchen distanzieren sich sehr deutlich von dieser Gruppe, zumal sie durch ihre teilweise sektiererischen Bekehrungsversuche auch die Christen allgemein in Verruf gebracht haben.

Wenn solche Chinesen hier in Deutschland Gemeinden aufsuchen, dann kann das meiner Meinung nach zwei Gründe haben:

1. Sie sind tatsächlich aus China geflohen, weil sie dort vom Staat verfolgt oder sogar von ihren Verwandten dazu veranlasst wurden und nun Hilfe und Anschluss an eine Gemeinde suchen. Es könnte sich dann auch um wirklich gläubige Leute (meist sind es Frauen) handeln, die einfach von der Sekte verführt worden sind und in China keine Möglichkeit hatten, gute, bibeltreue Hauskirchen kennenzulernen, und mit Verhaftung rechnen müssen, wenn sie in Deutschland abgewiesen und abgeschoben werden.
2. Es ist aber auch möglich, dass solche Chinesen unter dem Vorwand, verfolgte Christen zu sein, hier in Deutschland Asyl begehren, um als Missionare der Sekte unter Chinesen in Deutschland Anhänger für ihre Überzeugungen zu gewinnen.

Im ersten Fall sollte man versuchen, in Verbindung mit ansässigen, gefestigten chinesischen Geschwistern oder Übersetzern mit diesen Leuten die Bibel zu lesen, mit ihnen über die Autorität der Bibel, Bekehrung, Rechtfertigung und Heiligung und die Person und die Wiederkunft unseres Herrn zu sprechen.

Wenn es sich aber um solche Chinesen handelt, die gezielt Chinesen in Deutschland für ihre Irrlehren gewinnen möchten, sollte man sie nach sorgfältiger Prüfung entschieden abweisen und vor ihnen warnen.

Für solche, die mit solchen angeblich »verfolgten Christen« Kontakt haben, kann es hilfreich sein, sich im Internet über die Inhalte dieser Sekte zu informieren. Auf ihrer eigenen Website in deutscher Sprache »Das Wort erscheint im Fleisch« oder der Website der »Kirche des Allmächtigen Gottes« kann man sich selbst ein Urteil über ihre Irrlehren bilden.

ANHANG

Abschließend ein persönlicher Bericht von Sheng An, den er geschrieben hat, um deutlich zu machen, warum er sich nicht der chinesischen Drei-Selbst-Kirche anschließen konnte und wie er die Hauskirchen (»Untergrundkirchen«) in China zu seiner Zeit einschätzte.

Allerdings geht es in diesem Bericht um solche Hausgemeinden in Nordchina, welche die konservative Theologie, das Gemeindeverständnis und auch die heilsgeschichtliche Auslegung der Bibel, wie sie Sheng An gelehrt und gelebt hat, teilten und praktizierten. Daneben gibt es eine große Anzahl Hauskirchen, die von der Pfingst- oder charismatischen Bewegung geprägt sind oder eine presbyterianische oder auch baptistische Sicht von Gemeinde haben.

Sheng An hatte zu einigen dieser Gemeinden auch Kontakt und versuchte, ihnen so gut wie möglich mit Besuchen, Vorträgen und Literatur zu helfen. Einige dieser Gemeinden waren dankbar für diese Hilfe, andere wiederum sahen in dieser Einflussnahme eine Gefahr für die Pastoren.

SHENG AN:

DIE SITUATION DER HAUS-GEMEINDEN IN NORDCHINA

Ländliche Hausgemeinden sind meistens weit verstreut über verschiedene Orte und weiter entfernt von Städten gelegen. Die Versammlungen finden in den Wohnungen von Gläubigen statt, bei ihnen wird keine Zeremonie festgelegt, an der Anbetung darf sich jeder Gläubige beteiligen. Es gibt keinen Pastor und keine kirchliche Hierarchie, alle Gläubigen sind gleichgestellt, jeder ist ein königlicher Priester, und jeder Bruder kann unter der Führung des Heiligen Geistes eine Botschaft weitergeben, lobsingen und beten.

Diese Hausgemeinden haben keine umfangreichen finanziellen Mittel. Sie haben nur ein liebendes Herz dem Herrn gegenüber. Die Geschwister lieben einander, tauschen sich offen miteinander aus, helfen und ermutigen einander. Wenn einer in Schwierigkeiten gerät, helfen ihm alle Geschwister. In den meisten Hausgemeinden gibt es keine Liederbücher, sie singen meist Psalmen und benutzen volkstümliche Melodien.

Als die Hauskirchen im Jahr 1978 teilweise wieder geduldet wurden, gab es keine Bibeln, denn alle Bibeln wurden von den verschiedenen politischen Bewegungen beschlagnahmt oder vernichtet. Wir haben dann mit einem Vervielfältigungsgerät heimlich zu Hause Abzüge von Lobliedern und Bibelkursen sowie dem Johannesevangelium gemacht.

1980 brachte uns ein Gläubiger aus einer anderen Stadt eine Bibel. Das war für uns ein kostbarer Schatz! Wir ließen sie untereinander zirkulieren und schrieben sie ab. Jeden Samstag war es ein Teil unserer Versammlung, Bibelverse auswendig zu lernen.

Ein solches Gemeindeleben genossen wir sehr. Da gibt es keine Kompliziertheiten wie in den Familien draußen, hier gibt es nur ein Wort, das ist: Liebe! Wir wollen Gott im Geist und in der Wahrheit anbeten, ihn loben und seine Gnade preisen.

Das ist ganz anders als in der großen Drei-Selbst-Kirche, obwohl dort Hunderte oder Tausende von Leuten hingehen – in manchen Orten sind es über 10 000 Leute. Dort mangelt es häufig an einer liebevollen Beziehung miteinander. Wo der Heilige Geist nicht wirkt, werden Gottesdienste nur formell gefeiert. Oft erlebt man nur übrig gebliebene Zeremonien des Katholizismus. Die Gebete beim Abendmahl werden aus einem Gebetsbuch monoton heruntergelesen, begleitet durch Chöre und Musikinstrumente. Es sieht zwar gewaltig und anziehend aus, aber die biblische Predigt wird weitgehend ausgeschlossen. Es wird ein der Gesellschaft angepasstes Evangelium gepredigt, man werde gerecht durch Liebe. Man solle Gott dadurch ehren, dass man das Licht und das Salz der Gesellschaft werde. Man solle dem Land und der Religion treu sein und gehorchen, solle aber nicht umherziehen, um zu evangelisieren, sondern zu Hause bleiben.

WELCHES EVANGELIUM SOLLEN WIR VERKÜNDIGEN?

Nach der Bibel starb Christus für unsere Sünden, wurde begraben und ist am dritten Tag auferstanden. Der Herr sagte zu Nikodemus: »Wenn jemand nicht aus Wasser und Geist geboren wird, so kann er nicht in das Reich Gottes eingehen« (Johannes 3,5). Aus

Wasser und Geist wird man geboren, indem man Jesus in sein Herz einlädt.

Jesus ist gekommen, um Leben zu geben. Ohne Jesus im eigenen Leben ist man nur ein Anhänger der christlichen Religion. Aber die Neugeburt ist gerade der Schwerpunkt des Evangeliums.

Der Nestorianismus hatte in China zwar eine Geschichte von 200 Jahren. Am Ende wurde er aber ausgerottet mit all seinen Wurzeln. Wir sollten eine Lehre daraus ziehen als Warnung für die christliche Gemeinde. In allen Fällen sollte die Gemeinde der Wahrheit treu bleiben. Das Evangelium muss vollständig und ohne Abstriche verkündigt werden. Der Nestorianismus der Tang-Dynastie musste die Niederlage erleiden, denn er war zu sehr von dem Schutz des Kaisers abhängig.

Der Apostel Paulus schrieb in 1. Korinther 2,2: »Denn ich hielt nicht dafür, etwas unter euch zu wissen, als nur Jesus Christus, und ihn als gekreuzigt.« Auch stellte er fest: »Denn das Wort vom Kreuz ist denen, die verlorengehen, Torheit; uns aber, die wir errettet werden, ist es Gottes Kraft« (1. Korinther 1,18).

Die Gläubigen in den ländlichen Hausgemeinden hatten durchschnittlich ein niedriges Bildungsniveau. Deshalb betonten sie das Bibellesen. Nicht nur Zuhörer sollte man bleiben, sondern geistlich wachsen. Man sollte nicht nur Milch genießen, sondern auch feste Speise zu sich nehmen. Man sollte nicht mehr unmündig bleiben, sondern heranreifen, um unterscheiden und die Wahrheit in Liebe festhalten zu können (Epheser 4,14-16).

Die Aussagen der modernen Theologie sind das Gefährlichste. Sie lehren die Gerechtigkeit durch Liebe und propagieren die Theorie, dass Gott ein liebender Gott ist, der nicht will, dass ein einziger Mensch verlorengeht, sondern dass alle errettet werden. Ihre Lehre lautet, dass alle gerettet werden können, die Gutes tun, die zum Wohl des Landes beitragen. Sie leugnen die Notwendigkeit der

Wiedergeburt und der Bekehrung und reden auch nicht von dem neuen Leben in Jesus.

Einmal leitete ich die Versammlung in einer Gemeinde in Feixiang. Ich sprach von der Wiederkunft Jesu und von der Entrückung der Gläubigen. Gleich nach der Versammlung sagten mir ein paar Geschwister: »Wir haben seit über 10 Jahren an Gott geglaubt, aber niemand hat uns von diesen Wahrheiten etwas erzählt.« Es waren aber auch Leute dort, die herumnörgelten und sagten: »Es reicht, wenn man glaubt. Soll man noch mehr vom Leben geben? Steht nicht in den Evangelien geschrieben: ›Dein Glaube hat dich gerettet‹?«

Als ich ein anderes Mal in einer Gemeinde predigte, sagte jemand von den Anwesenden: »Herr Hu predigt nur alte Theorien. Was sind denn schon Bekehrung, Wiedergeburt, Wiederkunft Jesu? Könnten Sie uns nicht die modernen Ansichten weitergeben?«

Ich antwortete ihnen: »Ich habe keine modernen Ansichten. Was ich lehre, ist das Gleiche wie das, was Paulus vor fast 2000 Jahren lehrte. Das ist Christus und sein Kreuz. Das Kreuz steht für die Rettung der Sünder, und das Kreuz repräsentiert die Liebe und die Gerechtigkeit Gottes. Ich will nichts anderes verkündigen als nur das Kreuz.«

KEINE NEUEN OFFENBARUNGEN!

Heute erleben wir manche Prediger, die meinen, sie hätten neue Offenbarungen, neue Visionen. Sie reden davon, dass es Gottes Wille sei, dass man leben soll, als wenn man dem König von Babel dienen würde, und so weiter. Sie verwenden dieses Beispiel, um junge Gläubige zu verführen, zum religiösen Babylon der Religionen umzukehren. Der Apostel Paulus beugte sich nicht vor dem

Zeitgeist, sondern verteidigte die Wahrheit, sodass er immer wieder vom Hohen Rat verurteilt und verfolgt wurde (Römer 8,35-39; 2. Korinther 11,23-29).

Hier denke ich an die letzten Jahre zurück, in denen zahlreiche Gläubige in China bitter gelitten haben und die Wahrheit verteidigt haben. Wie viele treue Diener des Herrn starben für die Wahrheit! Um den Glauben zu bewahren und die Wahrheit weiterzugeben, gingen sie in den verschiedenen politischen Bewegungen, wie der Landreform, der Ausrottung von Konterrevolutionären und der Kulturrevolution, nicht auf Kompromisse ein (1. Korinther 4,11; Markus 8,34). Sie haben sich vor dem Zeitgeist nicht gebeugt.

1980 predigte ich in einer ländlichen Gemeinde in Anyang. Dort erzählte ich den Zuhörern die authentische Geschichte von einem armen Bauern, der auf den Glauben an Jesus Christus nicht verzichten wollte und der die geglaubte Wahrheit verteidigte. Dafür wurde er im Dorf heftig bekämpft. Von ihm wurde gefordert, seinen Glauben öffentlich zu verleugnen. Auf einer Kritik- und Kampfversammlung musste er auf der Bühne der aufgeregten Menschenmenge erklären, dass er nicht mehr an Jesus glauben würde, und das sollte er 100-mal wiederholen!

Er begann damit und sagte: »Ich werde nicht mehr an Jesus glauben, nicht mehr, nicht mehr, nicht mehr!« Nachdem er es 99-mal gesagt hatte, erhob er seine Stimme und rief leidenschaftlich: »Wie könnte ich nicht an ihn glauben? Denn er ist doch mein Retter!«

Nach diesem Bekenntnis wurde er von den wütenden Leuten an den Schwanz seines Pferdes angebunden und zu Tode geschleift.

Aber wer wird uns scheiden von der Liebe Christi? Die Krone des Lebens wird durch Sterben erworben. So sagte es der Herr: »... wer sein Leben verliert um meinetwillen, wird es finden« (Matthäus 10,39).

Wie viele treue Geschwister gab es, die verurteilt wurden, weil sie dem politischen und religiösen System nicht gehorchten! Wang Ming-tao, Watchman Nee, Allen Yuan, Li Tianquao waren solche treuen Nachfolger Jesu. Sie starben lieber, als ehrlos und gottlos weiterzuleben. Hallelujah! Die Gemeinde braucht solche Männer und Frauen. Der himmlische Vater hat Wohlgefallen an ihnen. Ihre Zeugnisse ermutigen Generationen von Christen in aller Welt.

Ein Lied zum Schluss:

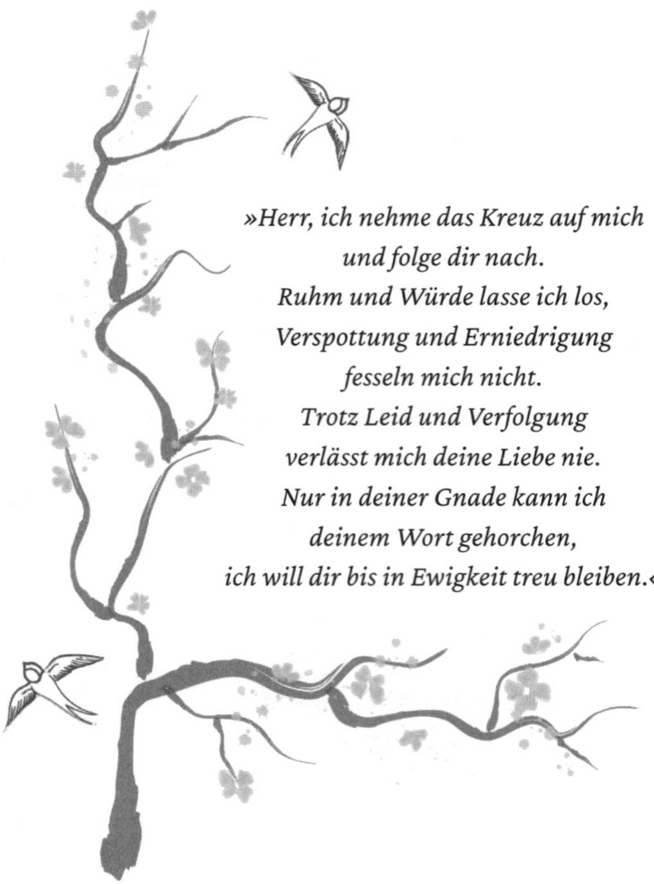

»Herr, ich nehme das Kreuz auf mich
und folge dir nach.
Ruhm und Würde lasse ich los,
Verspottung und Erniedrigung
fesseln mich nicht.
Trotz Leid und Verfolgung
verlässt mich deine Liebe nie.
Nur in deiner Gnade kann ich
deinem Wort gehorchen,
ich will dir bis in Ewigkeit treu bleiben.«

»Sagt den Christen im Westen, sie sollen nicht um Freiheit für uns beten. Der mäßige Druck vonseiten der Regierung hält uns nah beim Herrn und nah beieinander!« Diese Worte und die Situation der Christen in China kann man nur verstehen, wenn man so erstaunliche Menschen wie Samuel Lamb kennenlernt. Dieser kleine, eher zierlich gebaute Mann war fröhlich, gelassen und bis zu seinem Tod am 3. August 2013 im Alter von 88 Jahren quicklebendig. Unerbittliche Verfolgung und mehr als 20 Jahre Straflager und Gehirnwäsche konnten seinen Mut nicht rauben – sein Vertrauen nicht zerstören – seine Freude nicht auslöschen. In diesen langen, harten Jahren wurde er zum Missionar und Seelsorger vieler Gefangener, die durch ihn zum Herrn fanden. Nach seiner Entlassung aus der Haft im Jahr 1978 gründete er in der Millionenstadt Guangzhou die wohl größte Untergrundkirche in China, welche durch ihr erstaunliches Wachstum bald das Raumangebot sprengte: Mittlerweile zählen sich ca. 4000 Christen zu dieser Gemeinde. Auch wiederholte Besuche der Polizei, Bedrohungen und das Konfiszieren aller Schriften, Liederbücher und Geräte konnten Samuel Lamb und seine »Gemeinde ohne Namen« nicht entmutigen.

Mit großen Hoffnungen und Erwartungen steht eine junge Frau vor einem ehrenwerten Komitee und hört schließlich das schockierende Urteil: Wegen mangelnder Intelligenz als untauglich für die Mission befunden! Doch Gladys Aylward lässt sich nicht entmutigen. Im Vertrauen auf Gott macht sie sich mit ihrem mühsam verdienten Geld auf den langen Weg nach China. Ihr Leben in diesem für sie unbekannten Land ist geprägt von Schwierigkeiten und Herausforderungen – aber auch voller Wunder und Führungen Gottes. Sie wird »die Frau mit dem Buch«, denn »das Buch« prägt ihr ganzes Leben – und sie wird eine Frau des Gebets! Weil sie ihren Gott liebt, liebt sie auch die Menschen, zu denen sie gesandt ist. Diese Motivation der Liebe macht sie gehorsam: Sie hat verstanden, dass sie für die Ausführung der Befehle ihres himmlischen Königs verantwortlich ist und er für die Folgen ...

ISBN: 978-3-89397-689-8
gebunden, 352 Seiten

Felsenfest davon überzeugt, von Gott selbst in diese Aufgabe gerufen zu sein, wagt Hudson Taylor Mitte des 19. Jahrhunderts den Aufbruch nach China und beginnt dort seine erfolgreiche Arbeit. Seine grenzenlose Liebe zu den Menschen, die Bereitschaft, Mühe, Leiden und Anstrengungen auf sich zu nehmen, seine außergewöhnliche Bescheidenheit gepaart mit einer sehr nüchternen Einschätzung seiner Möglichkeiten – all das machte ihn zu dem Menschen, den Gott gebrauchen konnte. Ein hochaktuelles und lesenswertes Buch für jeden, der offen dafür ist, einem ungewöhnlichen Menschen auf seinem außergewöhnlichen Lebensweg zu folgen und etwas von der Herausforderung zu spüren, die mit einem solchen Leben verbunden ist.

ISBN: 978-3-89397-612-6
gebunden, 400 Seiten